빅데이터와 AI가 그리는 도시부동산의 미래 가치

원지영

publishing and culture
피앤씨미디어

머리말

우리는 지금 도시부동산의 역사에서 가장 흥미진진한 변곡점에 서 있다. 수십 년간 경험과 직관에 의존해온 부동산 가치 평가가 빅데이터와 인공지능의 등장으로 근본적인 혁신을 맞고 있기 때문이다. 이는 단순한 기술적 진보를 넘어서, 우리가 도시 공간을 이해하고 그 가치를 측정하는 방식 자체를 재정의하는 패러다임의 전환이라 할 수 있다.

전통적인 도시부동산 평가는 한정된 표본과 정적인 데이터에 의존하여 과거의 경험을 바탕으로 현재와 미래를 추론하는 방식이었다. 그러나 오늘날 우리는 휴대폰 기지국에서 수집되는 실시간 인구 이동 데이터, 소셜미디어에 담긴 집단 지성과 감성, 위성영상과 센서 네트워크가 제공하는 도시 환경의 미세한 변화까지 포착할 수 있게 되었다. 더 나아가 생성형 AI는 복잡한 도시 시스템의 미래 시나리오를 시각화하고, 다양한 조건하에서의 부동산 가치 변동을 예측할 수 있는 새로운 차원의 분석 도구를 제공한다.

이러한 기술적 혁신이 가져오는 변화는 실로 혁명적이다. 과거에는 몇 달에 걸쳐 수행되던 시장 조사가 이제 실시간으로 이루어지며, 수백 개의 변수를 동시에 고려한 정밀한 가치 평가가 가능 해졌다. 젠트리피케이션의 조기 징후를 포착하고, 인구구조 변화가 주택시장에 미칠 장기적 영향을 시뮬레이션 하며, 심지어 특정 뉴스나 정책 발표가 부동산 시장에 미치는 즉각적인 반응까지도 모니터링할 수 있게 되었다.

이제 빅데이터와 인공지능(AI)이라는 강력한 렌즈가 우리의 손에 주어졌다. 이 새로운 기술은 도시의 혈관처럼 흐르는 무수한 데이터의 맥박을 짚어내고, 복잡한 패턴 속에서 가치의 본질을 발견하며, 미래의 변화까지 예측하는 놀라운 힘을 보여준다. 이 책, “빅데이터와 AI가 그리는 도시부동산의 미래 가치”는 바로 이 거대한 변혁의 중심에서, 새로운 시대의 도시부동산을 이해하고 분석하는 방법을 제시하고자 집필되었다.

제1부 ‘빅데이터가 도시부동산에 일으키는 변혁’에서는 도시부동산 평가의 패러다임이 어떻게 변화하고 있는지를 심도 있게 탐색한다. 전통적 평가 방식의 한계를 명확히 하고, 실시간으로 도시의 동적 가치를 분석하는 새로운 평가 시스템의 가능성을 가상사례를 통해 생생하게 보여준다. 또한, 도시부동산을 둘러싼 정형·비정형 데이터의 구조를 체계적으로 분석하고, 휴대폰 기지국 데이터와 소셜미디어 데이터를 활용하여 인구 이동 패턴과 주거 수요를 예측하는 구체적인 방법을 제시한다. 나아가 입지, 경제, 환경, 교통 등 가치 평가의 핵심 변수들이 빅데이터를 통해 어떻게 새롭게 해석되고 융합되는지, 그리고 사람들이 소셜미디어에 남긴 감성 데이터가 어떻게 부동산의 브랜드 가치와 시장 심리를 측정하는 중요한 척도가 되는지를 다수의 가상사례를 통해 독자들의 이해를 돕는다.

제2부 ‘AI 알고리즘이 부동산 가치를 알려준다’는 빅데이터라는 재료를 분석하고 가공하여 미래 가치를 예측하는 인공지능 알고리즘의 세계로 독자들을 안내한다. 지도·비지도학습, 강화학습, 딥러닝 등 다양한 머신 러닝 모델이 부동산 가치 예측에 어떻게 적용되는지를 원리부

터 응용까지 상세히 설명한다. 특히 이 책은 현재 가장 주목받는 생성형 AI(Generative AI)가 도시부동산 분야에 가져올 혁신에 주목한다. GAN, VAE, 트랜스포머, 확산 모델 등 주요 생성형 AI 모델의 작동 원리를 파헤치고, 이를 활용하여 미래 도시 개발 모습을 시각 화하거나, 다양한 정책 및 시장 변수에 따른 가치 변동 시나리오를 자동으로 생성하는 과정을 가상사례로 구현하여 보여준다. 이를 통해 우리는 데이터 기반의 투자 의사결정이 어떻게 더욱 정교하고 과학적으로 이루어질 수 있는지 목격하게 될 것이다.

본서의 독특한 특징 중 하나는 각 주제마다 제시되는 풍부한 가상 사례들이다. 이들 사례는 추상적인 이론과 실제 응용 사이의 간극을 메우며, 독자들이 복잡한 기술적 개념을 구체적인 상황 속에서 이해할 수 있도록 돕는다. 예를 들어, 특정 지역의 젠트리피케이션 진행 과정을 빅데이터로 추적하거나, 생성형 AI를 활용하여 도시 재개발 후의 부동산 가치 변화를 시각화라는 과정을 상세히 보여준다. 각 장마다 제시된 '가상사례'는 복잡한 이론과 기술이 실제 도시 공간과 부동산 시장에서 어떻게 살아 움직이는지를 보여주는 시뮬레이션이다. 독자들은 이 가상사례를 따라가며 빅데이터와 AI의 분석 과정을 직접 체험하고, 그 과정에서 데이터 기반의 문제 해결 능력과 미래를 읽는 통찰력을 기를 수 있을 것이다

이 책은 도시부동산학을 전공하는 학생들 뿐만 아니라, 부동산 실무진, 도시계획 전문가, 그리고 데이터 사이언스에 관심을 가진 모든 독자들에게 유용한 가이드가 될 것이다. 특히 전통적인 부동산 전문가들에게는 새로운 기술적 도구들을 이해하고 활용하는 방법을, 데이터 분석 전문가들에게는 부동산 도메인의 특수성과 실무적 적용 방안을 제공한다.

우리는 이미 스마트시티와 디지털 트윈의 시대에 살고 있으며, 메타버스와 같은 가상 공간까지도 새로운 도시부동산 영역으로 부상하고 있다. 이러한 변화의 흐름 속에서 빅데이터와 AI 기술을 이해하고 활용하는 능력은 선택이 아닌 필수가 되었다. 본서가 독자들에게 이 새로운 시대를 헤쳐 나갈 나침반 역할을 하기를 바라며, 도시부동산의 미래 가치를 정확히 읽어내는 안목을 기르는 데 기여하기를 기대한다.

이제 빅데이터와 AI가 그려내는 도시부동산의 미래 가치를 탐색하는 지적 여정을 함께 시작하고자 한다. 변화하는 도시의 풍경 속에서 데이터가 들려주는 이야기에 귀 기울이고, AI가 그려내는 미래의 모습을 상상해보는 여정에 독자 여러분을 초대한다. 이 책을 통해 도시부동산의 새로운 지평을 함께 탐험하며, 빅데이터와 AI가 그려내는 부동산의 미래 가치를 발견하는 흥미진진한 모험을 시작해보자.

차 례

제1부 빅데이터가 도시부동산에 일으키는 변혁

제1장 빅데이터가 바꾸는 도시부동산 평가의 패러다임

제2장 도시부동산 데이터의 구조와 특성

제3장 인구 이동 빅데이터 분석과 빅데이터 기반 주거 수요 예측

제4장 빅데이터 기반 도시부동산 가치 평가의 핵심 변수

제5장 소셜미디어와 감성분석을 통한 도시부동산 브랜드와 이미지 평가

제2부 AI 알고리즘이 부동산 가치를 알려준다

제1부

빅데이터가 도시부동산에 일으키는 변혁

제 1 장

빅데이터가 바꾸는 도시부동산 평가의 패러다임

1. 전통적 도시부동산 평가방식의 한계와 빅데이터와 AI가 펼치는 새로운 평가방식

도시의 부동산은 단순히 벽돌과 시멘트로 지어진 물리적 공간 이상의 의미를 가진다. 그것은 한 시대의 사회, 문화, 경제 활동이 응축된 삶의 그릇이자 미래의 가능성을 담보하는 자산이다. 이 자산의 가치를 평가하는 방식은 오랫동안 과거의 기록에 의존해왔다.

그러나 이제 우리는 데이터의 홍수 속에서 AI라는 새로운 항해 도구를 손에 쥐었다. 이는 부동산의 가치를 읽어내는 패러다임의 근본적인 전환을 예고하며, 과거의 점을 찍는 평가에서 미래의 흐름을 그리는 예측으로 나아가게 한다.

1.1. 과거에 묶인 전통적 평가방식의 명확한 한계

1.1.1. 거래사례비교법, 원가법, 수익환원법에 의존한 전통적 평가방식

전통적인 부동산 가치 평가는 주로 세 가지 방식, 즉 거래사례비교법, 원가법, 수익환원법에 의존한다. 거래사례비교법은 평가 대상과 유사한 부동산의 최근 거래 사례를 기준으로 가치를 산정한다. 원가법은 건물을 다시 짓는 데 드는 비용을 계산하고, 수익환원법은 해당 부동산이 미래에 창출 할 것으로 기대되는 순수익을 기반으로 가치를 평가한다.

기존의 부동산 평가 방식은 주로 공시지가, 거래사례비교법, 수익환원법과 같은 방법을 활용했다. 이러한 방법들은 과거의 데이터에 의존하거나 전문가의 주관적인 판단이 개입될 여지가 많다는 한계를 지닌다.

(1) **공시지가**: 정부가 매년 발표하는 표준적인 가격으로, 실제 시장 가치를 완벽하게 반영하지 못하는 경우가 많습니다.

(2) **거래사례비교법**: 유사한 조건의 과거 거래 사례를 비교하여 현재 가치를 추정하는 방식인데, 거래가 많지 않은 지역이나 특이한 조건의 물건은 객관적인 비교가 어렵습니다.

(3) **수익환원법**: 부동산에서 발생하는 예상 수익을 토대로 가치를 산정하는 방식이지만, 미래 수익을 정확하게 예측하는 것은 매우 어렵습니다.

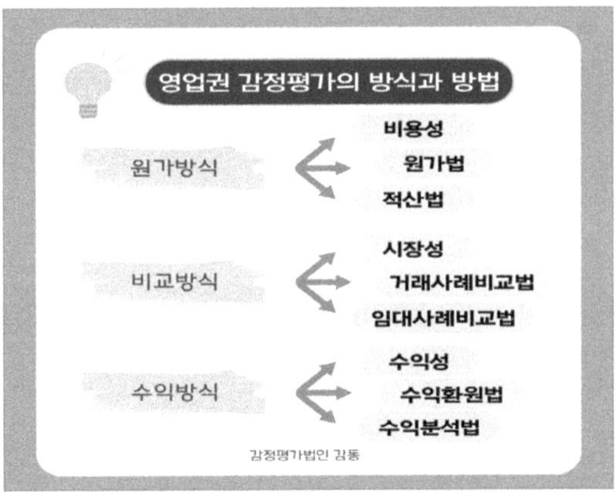

https://www.gamdongap.com

이러한 전통적인 방식은 도시의 가치를 결정하는 복잡하고 다양한 요인들(예: 교통, 상권, 인프라, 지역 평판, 심지어는 미세먼지 수치나 범죄율 같은 비정형적인 데이터)을 종합적으로 분석하는 데 한계가 있다. 도시의 가치가 단순한 물리적 조건 뿐만 아니라 사람들의 행동과 도시의 역동성에 의해 끊임없이 변한다는 사실을 포착하지 못했기 때문입니다

1.1.2. 전통적인 평가방식의 한계

이 방식들은 오랜 기간 신뢰성을 인정받아왔으나, 다음과 같은 본질적인 한계를 지닌다.

(1) **과거 지향성:** 모든 평가는 '과거'의 거래 기록이나 비용에 기반한다. 시장의 동태적인 변화나 미래의 잠재적 가치 상승 요인을 능동적으로 반영하기 어렵다.

(2) **평가자의 주관성:** 유사 사례를 선택하고, 지역 요인이나 개별 요인을 보정하는 과정에서 평가자의 경험과 주관이 개입될 여지가 크다. 이는 평가 결과의 편차로 이어질 수 있다.

(3) **제한된 데이터 활용:** 주로 공적 장부에 기록된 정형 데이터(거래 가격, 면적, 공시지가 등)에 의존한다. 도시의 활력, 사람들의 이동, 상권의 변화, 온라인상의 평판과 같은 살아있는 비정형 데이터는 평가 모델에 포함되기 어렵다.

(4) **거시적 분석의 함정:** 특정 지역 전체의 평균적인 특성은 반영할 수 있으나, 같은 지역 내에서도 길 하나를 사이에 두고 달라지는 미시적인 가치 변화를 포착하는 데 둔감하다.

이러한 한계는 급변하는 현대 도시에서 부동산의 실제 가치와 평가 가치 간의 괴리를 만들어내는 원인이 된다.

1.2. 미래를 예측하는 빅데이터와 AI의 새로운 눈

빅데이터와 인공지능(AI)은 전통적 평가방식의 한계를 극복하는 새로운 가능성을 제시한다. 이는 단순히 더 많은 데이터를 사용하는 것을 넘어, 이전에는 분석할 수 없었던 데이터에서 인간이 발견하지 못하는 패턴과 인사이트를 찾아내는 '조용한 혁명'에 가깝다. 이러한 접근법은 부동산 평가를 주관적 '감정'의 영역에서 객관적 '예측'의 영역으로 이동시킨다.

1.2.1. 새로운 평가방식의 유형과 핵심

새로운 평가방식의 핵심은 다음과 같다.

(1) **다차원적 데이터의 융합**: 거래 가격, 건축물 정보와 같은 정형 데이터를 넘어, 소셜미디어 언급량, 유동인구 데이터(통신사 기지국 정보), 카드 매출 데이터, 배달 주문량, 교통량, 온라인 커뮤니티의 여론, 위성사진을 통한 녹지 변화 등 비정형 데이터를 통합 분석한다.

(2) **AI 머신 러닝을 통한 패턴 학습**: AI 알고리즘은 수백, 수천 개의 변수 간의 복잡한 비선형 관계를 학습한다. 예를 들어, 특정 지역의 '인스타그램' 포스팅 증가와 20대 여성의 주말 유동인구 증가가 6개월 후 상가 임대료 상승으로 이어진다는 패턴을 발견할 수 있다.

(3) **미래가치의 예측**: 과거 데이터에 기반하여 현재 가치를 '산정'하는 것을 넘어, 다양한 변수들의 상호작용을 분석하여 미래 특정 시점의 가치를 '예측'한다. 이는 잠재적 성장 가능성이나 하락 위험을 선제적으로 파악하게 해준다.

(4) **초 미세(Hyper-local) 분석**: 도시 전체나 구 단위가 아닌, 개별 필지나 건물 단위의 정밀한 가치 분석이 가능해진다. 이는 주변 환경의 미세한 변화가 부동산 가치에 미치는 영향을 정확히 측정할 수 있음을 의미한다.

1.2.2. 미래가치의 예측: 빅데이터와 AI, 새로운 평가 패러다임을 열다

이제는 빅데이터와 AI 기술이 이러한 한계를 극복하고 도시부동산 가치를 더욱 정교하게 평가하는 새로운 시대를 열고 있다. 과거의 정형화된 데이터 뿐만 아니라, 다음과 같은 다양한 비정형 데이터를 실시간으로 분석하여 미래 가치를 예측할 수 있게 된다.

(1) **소셜 미디어 데이터**: 특정 지역에 대한 사람들의 인식, 관심사, 활동 등을 파악히여 지역 평판과 선호도를 측정합니다.

(2) **위성 이미지 및 센서 데이터**: 도시의 변화, 건물 노후도, 녹지 공간의 확장, 교통량 등을 정밀하게 분석합니다.

(3) **실시간 유동인구 데이터**: 시간대별, 요일별 상권의 활성화 정도를 파악하여 상업용 부동산의 잠재적 가치를 예측합니다.

(4) **교통 및 인프라 데이터**: 대중교통 이용률, 교통 혼잡도, 신설 예정 도로 등을 분석하여 접근성의 가치를 산출합니다.

이러한 방대한 데이터를 AI 알고리즘으로 분석하면, 인간의 직관이나 과거 사례만으로는 파악하기 어려웠던 숨겨진 가치를 발견하고, 미래 변화를 예측하는 데 놀라운 정확성을 보여줍니다.

1.3. 가상 사례로 본 가치 평가의 변화

◆ 가상 사례 1: 잠자는 골목길 상권의 재발견

1) **현황**: 오래된 저층 주거지 인근의 한적한 골목길 상권 'A'가 있다고 가정하자. 전통적 방식으로는 낮은 임대료와 드문 거래 사례로 인해 저평가될 수밖에 없다.

2) **전통적 평가**: 최근 3년간 거래 사례가 거의 없고, 공시지가가 낮으

골목상권 우수사례 '부산 해리단길' 대한민국 최고 골목에 선정
https://www.baccro.com

며, 주변 상권에 비해 유동인구가 적다는 이유로 향후 5년간 가치 상승률을 2%로 예측한다.

3) 빅데이터·AI 기반 평가: AI 모델은 다음과 같은 '긍정적 이상 신호(Positive Anomaly)'를 포착한다.

- 지난 1년간 SNS에서 'A 상권' 관련 특정 키워드(예: 레트로 감성, 숨은 맛집) 언급량이 400% 급증했다.
- 주말 오후 시간대 20~30대 유동인구가 통신사 데이터상 6개월 전 대비 70% 증가했다.
- 배달앱을 통한 해당 지역의 디저트 및 커피 주문량이 꾸준히 우상향하고 있다.
- 인근에 소규모 공방, 독립서점 등 특색 있는 신규 사업자 등록이 월평균 5건 이상 발생하고 있다.
- AI는 이러한 데이터를 기반으로 'A' 상권이 1~2년 내 '힙플레이스'로 부상할 가능성이 매우 높다고 판단, 향후 5년간 가치 상승률을 연평균 15%로 예측한다.

구분	전통적 평가방식	빅데이터·AI 기반 평가방식
주요 고려 요인	과거 거래사례, 공시지가, 가시적인 유동인구	SNS 언급량, 연령별 유동인구 변화, 배달 데이터, 신규 사업자 유형
가상 평가 결과	향후 5년 가치 상승률 2% 예측	향후 5년 가치 상승률 15% 예측
미래가치 전망	현상 유지 또는 완만한 쇠퇴	잠재력 높은 신흥 상권으로의 급격한 성장

◆ 가상 사례 2: 인기 대단지 아파트의 숨겨진 위험

최고의 학군과 편의시설을 갖춘 인기 대단지 아파트 'B'가 있다고 가정하자. 전통적 방식으로는 높은 실거래가와 수요로 인해 최고 수준의 가치를 인정받는다.

1) **전통적 평가:** 최근 1년간 실거래가가 10% 상승했고, 학군 선호도가 높아 수요가 견고하므로, 매매가 20억 원은 적정하며 향후에도 안정적 우상향을 예측한다.

2) **빅데이터·AI 기반 평가:** AI 모델은 다음과 같은 '부정적 잠재 요인(Negative Potential)'을 분석한다.

- 포털사이트에서 'B 아파트' 검색량이 3개월 연속 감소 추세이다.
- 부동산 커뮤니티에서 단지 내 소음, 주차 문제, 노후 설비 관련 불만 게시글의 빈도와 부정적 감성 점수가 증가하고 있다.
- 반경 5km 이내에 3년 후 입주 예정인 신축 대단지 공급 물량이 5,000세대로 파악된다.
- 교육청 데이터를 분석한 결과, 해당 학군의 초등학교 입학생 수가 2년 후부터 감소세로 전환될 것으로 예측된다.
- AI는 현재의 높은 가격이 유지되기 어려우며, 2~3년 후 신규 공

급과 학령인구 감소의 영향으로 가치가 조정될 위험이 크다고 판단, 적정 가치를 18억 원으로 평가하고 '주의' 등급을 부여한다.

구분	전통적 평가방식	빅데이터·AI 기반 평가방식
주요 고려 요인	최근 실거래가, 학군, 현재의 높은 수요	온라인 검색량 변화, 커뮤니티 여론, 미래 공급 물량, 학령인구 예측
가상 평가 결과	현재 매매가 20억 원(적정)	잠재적 위험 고려 적정 가치 18억 원(주의)
미래가치 전망	안정적 가치 유지 또는 완만한 상승	2~3년 후 공급 및 인구구조 변화로 인한 가치 조정 가능성

◆ 가상 사례 3: 상업용 오피스텔의 미래 가치 평가

강남역 인텔리안 더 퍼스트 오피스텔 상가 분양 | 아주경제

강남역 인근의 한 오피스텔을 평가하는 경우를 가정해 보자. 전통적인 방식은 주로 주변 오피스텔 임대료, 공실률, 접근성 등을 고려한다. 하지만 AI는 이 지역의 역동성을 정량화하여 새로운 가치를 찾아낸다.

구분	전통적 평가 방식의 주요 고려 요인	빅데이터와 AI 활용 추가 고려 요인
가격 산정 근거	- 인근 오피스텔 임대료 - 오피스 시장 공실률 - 지하철역과의 거리	- 유동인구 데이터 기반 '시간대별 상권 활성화 지수' - 공유 오피스 이용률, 스타트업 창업 동향 데이터 - 인근 커피숍, 식당 등의 빅데이터 분석을 통한 '업무 집중도' 지수 - 건물 내 주차장 스마트 센서 데이터
미래 가치 예측	- 대규모 오피스 빌딩 신축 계획 - 금리 변동률	- 기술 기반 스타트업 밀집도 및 성장 가능성 - 코로나 이후 재택/출근 혼합 근무 확산에 따른 오피스 수요 변화 예측 - 소셜 미디어 데이터 기반 '강남역' 상권의 평판 및 매력도 변화
결론	'B오피스텔'은 뛰어난 접근성을 가진 '전통적 업무 중심지의 오피스텔'로 평가된다.	'B오피스텔'은 높은 유동인구와 혁신적인 스타트업 생태계가 결합된 '미래형 워크 & 라이프 오피스텔'로 평가되며, 지속적인 임대 수익 상승 잠재력이 높게 예측된다.

◆ 가상 사례 4: 주거용 아파트의 미래 가치 평가

남양주시 별내동 "별내자이 더 스타" 아파트 및 오피스텔 분양정보: 네이버 블로그
https://blog.naver.com

'별내동'의 한 아파트 단지를 예로 들어 보자. 전통적인 방식으로는 주변의 유사 아파트 거래가, 학군, 교통 여건 등을 주로 고려하여 가격을 산정할 것이다. 하지만 빅데이터와 AI는 이보다 훨씬 더 깊이 있는 가치 요인을 찾아낸다.

구분	전통적 평가 방식의 주요 고려 요인	빅데이터와 AI 활용 추가 고려 요인
가격 산정 근거	- 주변 아파트 실거래가, 학군 평판, 지하철역과의 거리	- 소셜 미디어 감성 분석을 통한 '별내동'의 긍정/부정적 언급 빈도 - 인근 공원의 실시간 유동인구 및 활동 데이터 - 지역 커뮤니티 게시글 분석을 통한 주민 만족도 지수 - 미세먼지, 소음 등 환경 센서 데이터
미래 가치 예측	- 인근 개발 계획 발표 - 금리 변동률	- 젊은 세대 유입 트렌드 - 온라인 배달/쇼핑 데이터 기반 상권 활성화 지수 - 재택근무 확산에 따른 주거 쾌적성 선호도 변화 예측
결론	'A아파트'는 학군과 교통이 양호한 지역의 '평균적 아파트'로 평가된다.	'A아파트'는 환경적 쾌적성과 커뮤니티 만족도가 높아 '자녀 양육에 최적화된 미래형 아파트'로 평가되며, 2030세대 유입으로 가치 상승 잠재력이 높게 예측된다.

1.4. 도시를 읽는 새로운 언어의 등장

빅데이터와 AI는 도시와 부동산을 이해하는 방식을 근본적으로 바꾸고 있다. 이는 과거의 기록을 바탕으로 한 '점'의 평가에서, 다양한 데이터의 흐름을 읽어 미래를 예측하는 '선'과 '면'의 평가로 진화하는 과정이다. 물론 데이터의 편향성, 알고리즘의 투명성 등 해결해야 할 과제는 남아있다.

하지만 분명한 것은, 이제 부동산의 가치는 단순히 입지나 건물 자체에만 국한되지 않는다는 사실이다. 그 공간을 채우는 사람들의 활동, 보이지 않는 데이터의 흐름, 그리고 미래의 변화 가능성까지 모두 가치의 일부가 된다. 빅데이터와 AI는 이 복잡하고 역동적인 도시의 언어를 해석하는 가장 강력한 도구이며, 이를 통해 우리는 도시부동산의 미래 가치를 더욱 깊고 정확하게 통찰하게 될 것이다.

2. 빅데이터 기술의 도시부동산 가치 평가에 적용과 가상사례

도시의 가치는 끊임없이 변화하는 유기체와 같다. 사람들의 발걸음, 소비의 흔적, 소셜 미디어 속 대화 등 눈에 보이지 않는 무수한 데이터가 모여 도시의 활력을 만들고 부동산의 잠재적 가치를 형성한다.

과거의 평가 방식이 도시의 박제된 단면을 보는 것이었다면, 빅데이터 기술은 도시의 혈류와 신경망을 실시간으로 들여다보는 새로운 차원의 현미경을 제공한다. 이는 부동산의 가치를 평가하는 방식을 근본적으로 혁신하고 있다.

2.1. 도시를 해독하는 새로운 언어, 빅데이터

2.1.1. 빅데이터는 다양한 형태(Variety)의 데이터가 빠른 속도(Velocity)로 생성되고 누적되는 대규모(Volume) 데이터 환경

빅데이터란 단순히 데이터의 양이 많은 것을 넘어, 다양한 형태(Variety)의 데이터가 빠른 속도(Velocity)로 생성되고 누적되는 대규모(Volume) 데이터 환경 그 자체를 의미한다. 도시부동산 가치 평가에 적용되는 빅데이터는 크게 정형 데이터와 비정형 데이터로 나뉜다.

(1) 정형 데이터(Structured Data): 전통적 평가에서도 활용되던 데이터로, 명확한 구조를 가지고 있다. 실거래가, 건축물대장, 토지대장, 공시지가, 인구 통계 등이 이에 해당한다.

(2) 비정형 데이터(Unstructured Data): 빅데이터 시대의 핵심으로, 정해진 형태가 없는 데이터이다. 소셜 미디어 텍스트, 블로그 리뷰, 온라인 뉴스 기사, 위성사진, CCTV 영상, 스마트폰 위치 정보(유동인구), 신용카드 거래 내역, 배달앱 주문 정보 등이 포함된다.

빅데이터 기술의 진정한 힘은 이질적인 정형 및 비정형 데이터를 하나의 플랫폼에서 융합하고, 인공지능 알고리즘을 통해 인간의 직관으로는 발견할 수 없는 유의미한 패턴과 상관관계를 도출하는 데 있다. 예컨대, 특정 지역의 '공원' 관련 긍정적 SNS 언급량 증가와 심야 시간대 배달 음식 주문량 증가가 1년 후 해당 지역 1인 가구용 소형 주택의 가격 상승과 뚜렷한 연관성을 가진다는 사실을 밝혀내는 식이다.

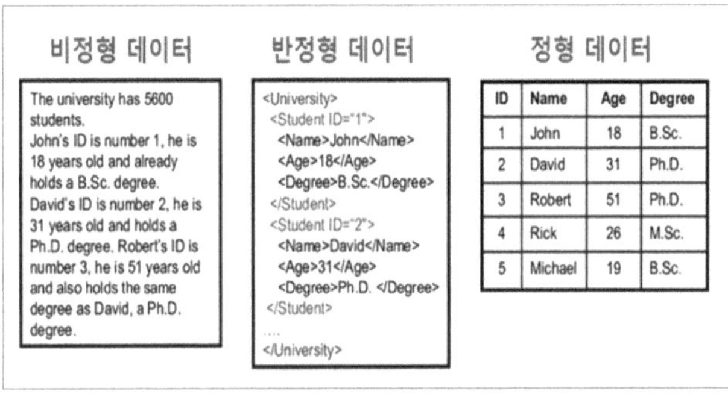

Semantic web technologies and ebusiness, Idea Group

2.1.2. 빅데이터 기술이 도시부동산 평가에 가져오는 혁신

이러한 기술은 부동산 평가에 다음과 같은 혁신을 가져온다.

(1) **실시간 시장 분석**: 월별, 분기별로 발표되는 통계가 아닌, 일별, 시간대별로 생성되는 데이터를 통해 시장의 미세한 변화에 즉각적으로 대응할 수 있다.

(2) **잠재가치 발견**: 현재는 저평가되어 있으나 유동인구의 특성, 소비 패턴의 변화 등을 통해 미래 성장 가능성이 높은 지역을 선제적으로 발굴한다.

(3) 위험 요인 예측: 인구 유출, 상권 쇠퇴, 부정적 여론 확산 등 가치 하락을 유발할 수 있는 위험 신호를 조기에 감지하여 투자나 개발의 안정성을 높인다.

특징	정형데이터	비정형데이터
데이터특성	양적 데이터	질적 데이터
데이터모델	사전에 정의됨. 모델이 정의되고 일부 데이터가 저장된 후에는 모델을 변경하기 힘듦.	비정형 데이터에는 특정 스키마가 포함되지 않음. 데이터 모델은 매우 유연함.
데이터 포맷	제한된 수의 데이터 포맷을 사용할 수 있음.	비정형 데이터에는 매우 다양한 데이터 포맷을 사용할 수 있음.
데이터 베이스	SQL 기반 관계형 데이터베이스가 사용됨.	특정 스키마가 없는 NoSQL 데이터베이스가 사용됨.
검색	데이터베이스 또는 데이터 세트 내에서 데이터를 검색하고 찾기가 매우 쉬움.	비정형 특성으로 인해 특정 데이터 검색이 매우 힘듦.
분석	데이터의 양적 특성으로 인해 분석이 매우 쉬움.	기존 소프트웨어 도구로도 분석이 매우 어려움.
저장방법	정형 데이터에는 데이터 웨어하우스가 사용됨.	비정형 데이터를 저장하는 데에는 데이터 레이크가 사용됨.

출처: 정형데이터와 비정형데이터 PURESTORAGE, 초보자를 위한 빅데이터 가이드

2.2. 가상 사례로 살펴본 빅데이터의 적용

버려진 방직터의 '화려한 변신'···광주의 모델 될까
https://www.mdilbo.com

◆ 가상 사례 1: 버려진 공업지대의 화려한 변신 가능성 예측

1) **현황**: 경기도 외곽에 수십 년간 방치된 섬유 공장 지대 'C'가 있다. 지자체는 이 지역의 재개발을 고민하고 있지만, 전통적 분석으로는 사업성이 불투명한 상황이다.

2) **전통적 분석**: 심각한 토양 오염, 낡은 기반 시설, 낮은 공시지가, 전무한 거래 사례. 이러한 요인들로 인해 민간 투자 유치가 어렵고 공공개발 시 막대한 비용이 소요될 것으로 분석된다. 개발 가치가 매우 낮다고 평가된다.

3) 빅데이터 기반 분석:

(1) **통신사 데이터 분석**: 평일 낮 시간대, 20~40대 인구의 체류 시간이 인근 지역보다 30% 높게 나타난다. 이는 저렴한 임대료를 찾아 입주한 스타트업, 예술가 작업실 등이 상당수 존재함을 시사한다.

(2) **소셜 미디어 분석**: 'C 공업지대'를 배경으로 한 '#인더스트리얼', '#재생건축' 등의 해시태그가 달린 사진 게시물이 최근 1년간 500% 증가했다. 젊은 층 사이에서 새로운 문화 공간으로의 관심이 급증하고 있음을 보여준다.

(3) **내비게이션 데이터 분석**: 주말에 'C 공업지대' 내 특정 카페나 스튜디오를 목적지로 설정한 차량의 수가 6개월 전에 비해 3배 이상 증가했다. 이는 외부 방문객의 자발적 유입이 시작되었음을 의미한다.

4) **결과**: 빅데이터 분석 결과, 'C 공업지대'는 쇠락한 공간이 아니라, 새로운 문화와 산업의 잠재력을 품은 '기회의 땅'으로 재평가된다.

구분	전통적 분석	빅데이터 기반 분석
분석 데이터	공시지가, 토지대장, 주변 거래 사례	통신사 유동인구, SNS 데이터, 내비게이션 목적지 검색량
지역에 대한 정의	오염되고 버려진 공업지대	자생적 문화/산업 클러스터 형성 초기 단계
가상 개발 가치 평가	1,000억 원(토지 매입 및 정화 비용 위주)	3,500억 원(미래 문화 상업적 가치 및 성장 잠재력 반영)
결론	개발 사업성 '매우 낮음'	공공-민간 협력을 통한 단계적 재생 사업 '매우 유망'

◆ 가상 사례 2: 신규 지하철 노선 최적 입지 선정

목동~청량리 잇는 강북횡단선 생긴다 https://www.yna.co.kr/view

1) **현황:** 서울시가 강북 지역의 교통 편의를 위해 신규 지하철역 'D'의 입지를 두 개의 후보지('1안', '2안') 중 하나로 결정하려 한다.

2) **전통적 분석:** '1안'은 주변에 대규모 아파트 단지가 많아 현재 거주 인구 밀도가 '2안'보다 높다. 따라서 비용 대비 편익(B/C) 분석에서 더 높은 점수를 받아 유력 후보지로 검토된다.

3) 빅데이터 기반 분석:

(1) **신용카드 매출 데이터 분석:** '1안' 지역은 대형마트 중심의 소비가

대부분이며 주말 저녁 시간대 소비가 급감하는 전형적인 베드타운 패턴을 보인다. 반면, '2안' 지역은 거주인구는 적으나 24시간 운영하는 식당, 소규모 상점에서의 카드 매출이 꾸준히 발생하고 있다. 이는 지역 내 경제 활동의 활력이 더 높음을 의미한다.

(2) **대중교통 환승 데이터 분석:** '2안' 지역은 현재 지하철역은 없지만, 여러 버스 노선이 교차하며 발생하는 환승 인구가 '1안' 지역의 단순 승하차 인구보다 많다. 즉, 교통의 '결절점'으로서의 잠재력이 더 크다.

(3) **생활인구**(Resident+Worker+Visitor) **분석:** 통신사 데이터를 통해 분석한 결과, '1안'은 거주인구는 많지만 주간 활동인구가 적다. 반면 '2안'은 거주인구는 적지만 인근 대학과 업무지구에서 유입되는 주간 활동인구가 더 많아, 하루 전체의 총 생활인구는 '2안'이 1.5배 더 높은 것으로 나타난다.

빅데이터는 눈에 보이는 인구수가 아닌, 실제 도시 활동의 중심이 어디인지를 명확히 보여준다.

구분	'1안' 후보지(전통적 우위)	'2안' 후보지(빅데이터적 우위)
주요 고려 요인	현재 거주인구 밀도	생활인구, 소비 패턴 다양성, 교통 환승 데이터
지역 특성	전형적인 주거 중심 지역 (Bed Town)	복합적 도시 활동 중심 지역 (Living & Working Town)
역세권 미래 가치 예측	주거 가치 중심의 완만한 상승	주거, 상업, 업무 가치가 동반 상승하는 폭발적 성장
가상 부동산 가치 상승률 (5년 후)	연평균 8%	연평균 20%

2.3. 시사점: 데이터로 도시의 미래를 설계하다

빅데이터 기술은 더 이상 선택이 아닌 필수적인 도구가 되고 있다. 이는 단순히 부동산의 가격을 정확히 맞추는 것을 넘어, 도시의 숨겨진 잠재력을 발견하고, 자원을 효율적으로 배분하며, 시민의 삶의 질을 높이는 방향으로 도시계획과 부동산 개발의 패러다임을 전환시키고 있다. 데이터라는 새로운 지도를 통해 우리는 과거에는 상상할 수 없었던 방식으로 도시의 미래를 읽고, 설계하며, 그 가치를 창조해 나갈 수 있을 것이다.

3. 실시간 데이터 처리가 만드는 도시부동산 동적 가치 평가 시스템과 가상사례

도시부동산의 가치는 고정된 박제와 같다는 인식이 지배적이었다. 특정 시점에 평가된 가치는 다음 평가 시점까지 유효한 '사진'과 같았다. 그러나 도시는 살아 숨 쉬는 유기체이며, 그 가치는 매 순간 수많은 사건과 데이터의 흐름 속에서 미세하게, 때로는 급격하게 변동한다. 실시간 데이터 처리 기술은 바로 이 도시의 맥박을 포착하여 부동산 가치를 '라이브 영상'처럼 보여주는 동적 가치 평가 시스템의 등장을 가능하게 했다. 이는 과거를 기록하는 평가에서 현재를 반영하고 미래를 예측하는 평가로의 완전한 패러다임 전환을 의미한다.

3.1. 도시의 심장 박동을 측정하다: 동적 가치 평가 시스템

동적 가치 평가 시스템(Dynamic Valuation System)이란, 도시에서 발생하는 무수한 데이터를 실시간으로 수집하고 분석하여 부동산의 가치를 끊임없이 갱신하는 지능형 시스템이다. 이 시스템의 핵심은 과거에 쌓인 데이터를 분석하는 '배치(Batch) 처리'가 아니라, 데이터가 생성되는 순간

'즉시' 처리하는 '스트림(Stream) 처리' 기술에 있다.

3.1.1. 동적 가치 평가 시스템(Dynamic Valuation System)의 작동 메커니즘

이 시스템은 다음과 같은 메커니즘으로 작동한다.

(1) **실시간 데이터 스트림의 연결**: 내비게이션 앱에서 생성되는 실시간 교통량, 대중교통 승하차 기록, 특정 지역의 기상 및 대기 질 센서 데이터, SNS에 방금 올라온 행사나 사건 관련 게시물, 특정 매물에 대한 온라인 검색량 변화 등 끊임없이 흘러 들어오는 데이터 스트림을 시스템에 연결한다.

(2) **지능형 이상 신호 감지**: 인공지능 알고리즘은 평소의 데이터 흐름 패턴을 학습하고 있다가, 이와 다른 '이상 신호(Anomaly)'가 감지되면 즉시 분석을 시작한다. 예를 들어, 특정 골목의 유동인구가 평소보다 3배 급증하거나, 특정 건물 주변에서 '화재'나 '침수'와 같은 부정적 키워드가 갑자기 확산되는 것을 포착한다.

(3) **동적 가치 지수(Dynamic Value Index)의 생성**: 시스템은 분석 결과를 바탕으로 개별 부동산 또는 지역 블록의 가치를 주가 지수처럼 실시간으로 변동하는 '동적 가치 지수'로 시각 화하여 보여준다. 이를 통해 사용자는 자신의 자산 가치가 현재 어떤 요인에 의해 어떻게 변화하고 있는지 직관적으로 파악할 수 있다.

이 시스템은 부동산 가치를 정적인 숫자가 아닌, 도시의 활력과 위험에 반응하는 살아있는 지표로 재 탄생시킨다.

3.2. 가상 사례로 경험하는 동적 가치 평가

◆ 가상 사례 1: 젠트리피케이션(Gentrification) 조기 경보와 소상공인의 의사결정

해질녘 한적한 골목에서 오늘도 조금의 빵과 커피를 준비 해 두었습니다.
https://www.instagram.com

1) **현황:** 서울의 한적한 동네에서 작은 카페를 운영하는 김 씨는 5년 임대차 계약의 만료를 앞두고 재계약을 고민하고 있다.

2) **정적(과거) 분석:** 지난 1년간의 매출은 꾸준했고, 국토교통부 실거래가 시스템상 주변 상가 임대료는 연 3% 수준으로 완만하게 상승했다. 이 정보만으로는 큰 위험 없이 재계약해도 괜찮을 것이라 판단된다.

3) **동적 가치 평가 시스템의 분석:** 시스템이 지난 2주간 발생한 미세한 변화들을 포착하여 '젠트리피케이션 주의보'를 발령한다.

(1) **실시간 유동인구 분석:** 주말 오후 시간대, 해당 지역에 거주하지 않는 20대 방문객의 수가 3주 전 대비 80% 급증했다.

(2) **SNS 스트림 분석:** 유명 유튜버가 김 씨의 카페가 위치한 골목을 '새롭게 뜨는 핫플'로 소개한 영상이 업로드된 후, 관련 게시물이 시간당 50건 이상 생성되고 있다.

(3) **부동산 플랫폼 데이터 분석**: 해당 골목의 상업용 부동산 매물에 대한 온라인 조회 수가 지난 3일간 400% 폭증했다.

4) **결정**: 시스템의 경보를 통해 김 씨는 임대료가 폭등하기 직전임을 인지하고, 임대인과 서둘러 장기 고정 임대료 계약을 체결하여 안정적인 영업 기반을 확보하는 현명한 결정을 내릴 수 있다.

구분	정적(과거) 분석	동적 가치 평가 시스템 분석
분석 데이터	과거 1년치 매출, 국토부 실거래가	실시간 유동인구, SNS 스트림, 온라인 매물 검색량
분석 시점	과거 데이터의 후행적 분석	현재 발생하는 데이터의 즉각적 분석
가상 가치 변화 예측	연 3%의 안정적 임대료 상승 예측	6개월 내 50% 이상의 급격한 임대료 상승 가능성 경고
예상 결과	안일한 재계약 후 급등한 임대료 부담	조기 장기 계약을 통해 리스크 회피 및 영업 안정

◆ 가상 사례 2: 도시 재난과 부동산 자산 가치의 실시간 재평가

상업빌딩 침수 VS 오피스빌딩 침수: 진짜 업무 마비가 치명적인 곳은 어디일까?
https://www.jaenung.net

1) **현황**: 기록적인 폭우로 서울의 특정 저지대 지역이 침수되는 재난 상황이 발생했다고 가정하자. 이 지역에는 유사한 규모와 용도의 상업용 빌딩 'A'와 'B'가 있다.

2) 정적(과거) 분석: 재난 이전, 두 빌딩의 자산 가치는 입지와 면적이 비슷하여 각각 100억 원으로 동일하게 평가되었다.

3) 동적 가치 평가 시스템의 실시간 대응: 재난 발생과 동시에 시스템은 다양한 데이터 스트림을 통해 두 빌딩의 가치를 재평가한다.

(1) 빌딩 A:

- IoT 센서 데이터: 건물 지하에 설치된 침수 감지 센서가 '위험' 신호를 전송한다.
- 소셜 미디어 데이터: 'A빌딩 침수', '차량 고립' 등의 키워드와 함께 실제 피해 사진이 실시간으로 확산된다.
- 교통 데이터: 빌딩으로 접근하는 주요 도로가 통제되어 '접근성' 점수가 급락한다.
- 결과: 'A빌딩 동적 가치 지수'는 재난 발생 1시간 만에 30% 폭락한 70억 원으로 조정된다.

(2) 빌딩 B:

- 데이터 분석: 'A' 빌딩에서 불과 200m 떨어져 있지만, 지대가 미세하게 높아 침수 피해가 없다는 것이 위성 및 드론 영상으로 확인된다.
- 긍정적 신호: 오히려 재난 상황에서 1층 로비를 임시 대피소로 개방한 사실이 지역 커뮤니티에 알려지며 긍정적 여론이 형성된다.
- 결과: 'B빌딩 동적 가치 지수'는 안정적으로 유지되거나, '재난 회복력(Resilience)'이 입증되어 장기적 관점에서 위험도가 낮은 자산으로 재평가되며 오히려 소폭 상승한다.

4) 결정

구분	빌딩 A(직접 피해 발생)	빌딩 B(피해 없음)
실시간 입력 데이터	침수 센서 신호, 부정적 SNS 확산, 도로 통제	위성/드론 영상, 긍정적 커뮤니티 여론
재난 발생 1시간 후	자산 가치 30% 급락 (100억 → 70억)	자산 가치 안정적 유지(100억)
동적 가치 평가	고위험 자산으로 분류, 보험료율 급등 예측	재난 회복력 높은 우량 자산으로 재평가
활용 주체	보험사(손해액 즉시 추정), 자산관리사(긴급 대응), 투자자(위험 관리)	

3.3. 시사점: 살아있는 도시, 살아있는 자산 가치

실시간 데이터 처리 기술이 주도하는 동적 가치 평가는 부동산을 더 이상 고정된 자산이 아닌, 도시의 맥락 속에서 끊임없이 상호작용하는 '살아있는 자산(Living Asset)'으로 바라보게 한다. 이는 부동산 시장의 투명성을 극대화하고, 정보의 비대칭성을 해소하며, 도시 계획가, 투자자, 소상공인, 일반 시민 등 모든 시장 참여자가 더 합리적이고 신속한 의사결정을 내리도록 돕는다. 도시의 심장 박동과 함께 변동하는 부동산의 가치를 실시간으로 읽어내는 시대, 우리는 비로소 도시부동산의 진정한 현재 가치와 마주하게 될 것이다.

4. 데이터 기반 도시부동산 평가의 신뢰성과 객관성 확보 방안과 가상사례

데이터와 인공지능이 부동산 가치 평가의 새로운 지평을 열고 있지만, 그 화려한 기술의 이면에는 '신뢰'라는 아주 근본적인 질문이 자리한다.

'과연 이 AI의 판단을 믿을 수 있는가?' 잘못된 데이터나 편향된 알고리즘이 내린 결정은 과거 평가자의 주관적 판단보다 더 큰 오류와 사회적 문제를 야기할 수 있기 때문이다.

따라서 데이터 기반 평가 시스템의 가치는 그 예측의 정확성 뿐만 아니라, 과정의 투명성과 결과의 객관성을 어떻게 확보하는가에 달려있다. 이것은 기술의 문제를 넘어 공학과 사회 윤리가 만나는 지점이기도 하다.

4.1. 데이터 기반 도시부동산 평가의 신뢰의 기반을 다지는 세 가지 핵심 원칙

마법처럼 보이는 AI의 분석 결과도 결국은 데이터라는 재료와 알고리즘이라는 조리법의 산물이다. 신뢰할 수 있는 평가 시스템을 구축하기 위해서는 다음 세 가지 원칙이 반드시 전제되어야 한다.

(1) **데이터의 품질과 대표성 확보:** '쓰레기를 넣으면 쓰레기가 나온다(Garbage In, Garbage Out)'는 데이터 과학의 제1원칙이다. 특정 계층(예: 신용카드 사용자, SNS 이용자)의 데이터에만 의존하는 모델은 필연적으로 편향된 결과를 낳는다. 따라서 다양한 출처의 데이터를 융합하여 상호 보완하고, 데이터가 특정 인구 집단이나 지역의 특성을 공정하게 대표하고 있는지 지속적으로 검증하는 과정이 필수적이다.

AI가 특정 부동산의 가치를 높거나 낮게 평가했다면, '왜(Why)' 그런 결론을 내렸는지 알 수 있어야 한다. 깜깜한 상자 속에서 나온 결과값을 맹목적으로 따르는 것은 위험하다. 최근 주목받는 설명가능 인공지능(Explainable AI, XAI) 기술은 AI의 판단 근거를 인간이 이해할 수 있는 형태로 제시한다. 예를 들어 '유동인구 증가(40%)',

'긍정적 온라인 여론(30%)', '주변 개발 계획(20%)' 등이 가치 상승에 기여했다고 구체적인 요인과 기여도를 보여주는 식이다.

(3) **지속적인 모델 검증과 피드백 루프 구축**: 세상은 변하고 도시의 패턴도 달라진다. 코로나19 팬데믹으로 재택근무가 확산되며 변화한 오피스 시장의 가치처럼, 과거의 데이터로 학습된 모델은 새로운 현실을 제대로 반영하지 못하는 '모델 노후화(Model Decay)' 현상을 겪는다. 따라서 모델의 예측 값과 실제 시장의 결과(실거래가 등)를 끊임없이 비교하며 그 오차를 줄여나가는 자동화된 재학습 및 검증 체계, 즉 피드백 루프를 구축하여 모델의 현실 적합성을 유지해야 한다.

4.2. 가상 사례로 본 신뢰성 확보의 중요성

◆ 가상 사례 1: '알고리즘 편향'이 놓친 전통시장의 진짜 가치

1) **현황**: 한 지자체에서 상권 활성화 지원 사업 대상지를 선정하기 위해 AI 평가 모델을 도입했다고 가정하자.

2) **초기 모델(신뢰성 낮은 접근)**: 주로 신용카드 매출 데이터와 SNS 언급량 데이터에 기반하여 모델을 구축했다. 분석 결과, 젊은 층이 많이 찾는 신흥 카페거리 'A' 지역이 성장 잠재력 1순위로, 고령층이 주로 이용하는 전통시장 'B' 지역은 쇠퇴 가능성이 높은 지역으로 분류되었다.

3) **문제점**: 'B' 전통시장은 현금 결제 비중이 높고, 주 이용객인 고령층은 SNS 활동이 적어 AI 모델이 이 지역의 실질적인 경제 활력과 커뮤니티 가치를 데이터상에서 누락한 것이다. 이는 편향된 데이터가 만든 '알고리즘의 차별'에 해당한다.

4) 개선된 모델(신뢰성 높은 접근): 문제를 인지하고, 기존 데이터에 통신사 유동인구 데이터(전 연령대 포함), 사업체 이력 데이터(오래된 가게의 안정성), 지방세 납부 데이터를 추가로 융합하여 모델을 개선했다. 그 결과, 'B' 전통시장은 매출 변동성이 적고 장기 고객이 많아 '안정성 지수'가 매우 높게 평가되었고, 'A' 지역과는 다른 방식의 지원(예: 시설 현대화)이 필요하다는 새로운 결론을 도출했다.

5) 결론

구분	초기 모델(신뢰성 낮은 접근)	개선된 모델(신뢰성 높은 접근)
주요 분석 데이터	신용카드 매출, SNS 언급량	[추가] 유동인구, 사업체 이력, 지방세 납부 데이터
B 전통시장에 대한 평가	데이터 부족으로 인한 '쇠퇴 상권' 분류	숨겨진 경제 활력을 발견하여 '안정 상권'으로 재평가
가상 정책 결정	지원 대상에서 배제 또는 축소	지역 특성에 맞는 맞춤형 지원 정책(시설 개선 등) 수립
신뢰성 확보 방안	데이터 대표성 미확보	다양한 데이터 융합을 통한 대표성 확보

◆ 가상 사례 2: '설명가능 AI'가 구한 1,000억 원 규모의 투자

대규모 복합개발…도시 얼굴을 바꾼다 | 한국경제
https://www.hankyung.com

1) 현황: 한 연기금이 대규모 복합 쇼핑몰 개발 프로젝트에 1,000억 원 투자를 검토하고 있다.

2) 블랙박스 AI 모델: A사의 AI 모델은 해당 프로젝트의 미래가치가 매우 높다는 결론을 제시했지만, 그 판단의 근거는 제시하지 못했다. 투자심의위원회는 'AI가 그렇다니 좋을 것'이라는 막연한 믿음만으로 막대한 자금을 투입하기를 주저했다. 실패 시 누구도 책임질 수 없는 '깜깜이 결정'이었기 때문이다.

3) 설명가능 AI(XAI) 모델: B사의 XAI 모델은 동일하게 '미래가치 높음'으로 결론 내렸지만, 다음과 같은 '가치 기여도 분석 리포트'를 함께 제출했다.

(1) **긍정 요인:**

- 향후 2년 내 개통 예정인 신규 지하철 노선 효과: +40%
- 반경 3km 내 배후 주거단지의 구매력 높은 30-40대 인구 비중: +35%
- 경쟁 상권의 노후화에 따른 반사 이익: +15%

(2) **부정/위험 요인:**

- 온라인 쇼핑 성장세로 인한 오프라인 방문객 감소 가능성: -10%

이 리포트를 통해 투자심의위원회는 AI의 결론을 이끈 핵심 요인들을 명확히 이해하고, 잠재적 위험 요인에 대한 대응 방안까지 논의하며 훨씬 더 합리적이고 자신감 있는 투자 결정을 내릴 수 있었다.

4) 투자결정

구분	블랙박스 AI 모델	설명가능 AI(XAI) 모델
제공되는 결과물	최종 가치 예측 점수(예: 95/100점)	가치 예측 점수 + 판단 근거 리포트(요인별 기여도)
의사결정 과정	근거를 알 수 없어 결정을 주저하거나 맹목적으로 수용	명확한 근거를 바탕으로 한 논리적 토론 및 합리적 결정
가상 투자 결정	보류 또는 거부 (불확실성으로 인해)	승인(기회와 위험을 명확히 인지한 상태에서)
신뢰성 확보 방안	알고리즘 투명성 부재	설명가능 AI(XAI)를 통한 투명성 확보

데이터 기반의 도시부동산 평가는 거스를 수 없는 흐름이다. 그러나 그 기술의 진보는 신뢰성 및 객관성 확보 노력과 함께 나아갈 때 비로소 완성된다. 좋은 데이터를 선별하고, AI의 생각 속을 들여다보며, 끊임없이 현실과 대화하게 만드는 것. 이러한 노력은 단순히 기술적 오류를 줄이는 것을 넘어, 기술이 인간 사회에 건강하게 뿌리내리게 하는 필수적인 과정이다. 결국 가장 뛰어난 평가 시스템은 가장 똑똑한 AI가 아니라, 인간이 가장 '신뢰'할 수 있는 AI가 될 것이다.

5. 개인화된 도시부동산 추천 서비스의 발전과 가상사례

과거의 부동산 검색은 사용자가 직접 조건을 입력하고, 시스템은 그 조건에 맞는 매물을 기계적으로 나열해주는 '필터링'의 시대였다. 이는 마치 넓은 도서관에서 색인 카드만으로 책을 찾는 것과 같았다.

그러나 이제 우리는 사용자의 취향과 행동을 학습한 인공지능이 미처 생각지 못했던 최고의 선택지를 먼저 제안하는 '추천'의 시대로 진입하고 있다.

넷플릭스에는 어떤 미드, 콘텐츠가 있을까?: 네이버 블로그
https://m.blog.naver.com/

넷플릭스가 나의 다음 시청 콘텐츠를, 스포티파이가 나의 다음 인생 곡을 추천하듯, AI가 나의 다음 '삶의 무대'를 추천하는 시대, 즉 부동산의 초개인화 시대가 열리고 있는 것이다.

5.1. 필터링을 넘어 취향을 읽는 추천 시스템

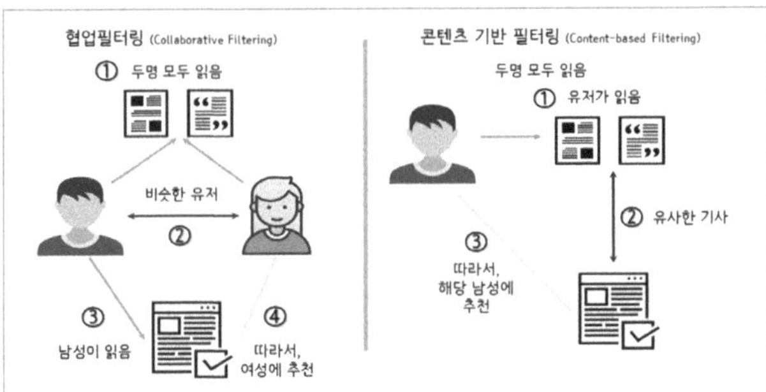

추천 알고리즘-개념 https://velog.io

개인화된 부동산 추천 서비스의 핵심은 사용자가 명시적으로 입력한 조건 너머에 있는 '숨겨진 욕구'와 '라이프스타일'을 파악하는 데 있다. 이는 사용자의 데이터를 기반으로 작동하는 두 가지 핵심적인 인공지능 추천 기술, 즉 콘텐츠 기반 필터링과 협업 필터링을 통해 구현된다.

(1) **콘텐츠 기반 필터링**(Content-based Filtering): 사용자가 과거에 좋아했던 매물의 특성(콘텐츠)을 분석하여 유사한 특성을 가진 다른 매물을 추천하는 방식이다. 예를 들어, 사용자가 '남향', '시스템 옷장', '공원 조망'을 가진 매물을 여러 번 클릭했다면, AI는 이러한 특성들을 핵심 키워드로 학습하여 유사한 조건을 갖춘 새로운 매물을 우선적으로 보여준다.

(2) **협업 필터링**(Collaborative Filtering): 개인화 추천의 진정한 마법이 일어나는 영역이다. 나와 비슷한 취향이나 행동 패턴을 보인 다른 사용자들이 좋아했던 매물을 추천해주는 방식이다. 예를 들어, '나'와 비슷한 연령대, 직업군, 검색 패턴을 가진 사용자들이 특정 동네의 매물을 많이 찾아봤다면, AI는 '나' 역시 그 동네를 좋아할 잠재적 가능성이 높다고 판단하고 내가 직접 검색하지 않았더라도 해당 지역의 매물을 추천 목록에 올린다. 이는 나의 취향을 넘어 새로운 가능성을 발견하게 해준다.

이러한 추천 엔진은 사용자의 명시적 데이터(예산, 지역 등)뿐만 아니라, 암시적 데이터(클릭 패턴, 페이지 체류 시간, 검색 키워드)와 사용자의 동의 하에 확보된 라이프스타일 데이터(자주 가는 장소, 소비 패턴, SNS 관심사)까지 종합하여 사용자의 '디지털 페르소나'를 구축하고, 그에 가장 부합하는 공간을 입체적으로 제안한다.

5.2. 가상 사례로 본 개인화 추천 서비스

◆ 가상 사례 1: '디지털 노마드'를 위한 최적의 작업 공간 겸 주거지 추천

10평도 안되는데... 5억 넘는 강남 원룸아파트는 이렇게 생겼습니다: 네이버 블로그
https://blog.naver.com

1) **현황:** 프리랜서 그래픽 디자이너인 30세 이 씨는 재택근무에 집중할 수 있으면서도, 일과 후에는 영감을 얻을 수 있는 트렌디한 동네를 원한다.

2) **기존의 필터링 방식:** 이 씨는 부동산 앱에서 '강남구', '원룸', '5억 이하'로 필터링했다. 그 결과, 채광이 좋지 않거나 대로변에 위치하여 소음이 심한 오피스텔 위주로 수십 개의 매물이 나열되었다. 자신의 복합적인 요구를 충족하는 곳을 찾기 위해 수많은 매물 정보를 일일이 확인해야 하는 피로감을 느낀다.

3) **AI 개인화 추천 서비스:** AI는 이 씨의 앱 사용 행동과 라이프스타일을 분석한다.

- 행동 분석: '채광 좋은', '분리형 원룸', '조용한' 키워드를 자주 검색하고, '홈오피스' 인테리어 사진이 포함된 매물의 체류 시간이 길다는 점을 파악한다.

• 라이프스타일 추론: 사용자의 동의하에 분석한 SNS 관심사에서 '독립 서점', '핸드드립 커피', '미니멀리즘' 등의 키워드를 발견한다.

• AI의 최종 추천: AI는 이 씨가 직접 검색한 강남구가 아닌, 인근의 '서초동 조용한 주택가'에 위치한 빌라의 최상층 매물을 1순위로 추천한다. 추천의 근거로 '동향의 큰 창문을 통한 오전 작업 능률 극대화', '도보 5분 거리의 유명 독립 카페 및 베이커리', '인근 아파트 단지의 잘 관리된 산책로' 등을 함께 제시한다. 이는 이 씨가 필터링만으로는 절대 발견할 수 없었던 '삶의 질'을 고려한 최적의 추천이다.

4) 추천결과

구분	기존의 필터링 방식	AI 개인화 추천 서비스
사용자 입력 정보	강남구, 원룸, 5억 이하	동일(AI는 행동/라이프스타일 데이터를 추가 활용)
분석의 초점	조건의 기계적 부합 여부	사용자의 숨겨진 취향 및 라이프스타일 패턴
가상 추천 결과	채광, 소음 등 질적 요인이 고려되지 않은 수십 개의 오피스텔 목록	서초동 빌라 1순위 추천(채광, 주변 환경, 취향 저격)
사용자 만족도	정보의 홍수 속에서 피로감 증가	미처 몰랐던 최적의 대안 발견으로 만족도 극대화

◆ 가상 사례 2: 생애주기 변화를 고려한 4인 가족의 보금자리 추천

1) **현황**: 4세 자녀가 있고 둘째 출산을 앞둔 30대 후반 부부는 현재 거주 중인 20평대 아파트에서 더 넓은 집으로 이사를 계획하고 있다.

2) **기존의 필터링 방식**: '30평대 이상', '초등학교 인근', '공원 근처'로 검색하여 수백 개의 아파트 목록을 받았다. 하지만 실제 유모차를 끌기 편한지, 믿고 맡길 어린이집이 있는지 등 실질적인 육아 환경은 직

접 발품을 팔지 않고서는 알 길이 없어 막막하다.

3) AI 개인화 추천 서비스: AI는 이 가족의 '생애주기'에 집중한다.

(1) 데이터 분석: 사용자 프로필(4세 자녀, 임신 중)과 검색 기록('국공립 어린이집', '소아과', '유모차 산책')을 통해 이 가족의 최우선 순위가 '영유아 육아 인프라'임을 인지한다.

(2) 공간 데이터 융합: 아파트 단지 정보에 국토지리정보원의 보행로 데이터(도로 폭, 경사도), 공공데이터포털의 어린이집 및 병원 현황 데이터를 융합하여 '영유아 생활환경 지수'를 생성한다.

(3) AI의 최종 추천: AI는 단순한 목록이 아닌, 'A 신도시 B 아파트 단지'를 추천하며 다음과 같은 '우리 가족 맞춤 스코어카드'를 제공한다.

- 단지 내 국공립 어린이집 대기 순번: 상위 10%
- 유모차 보행 편의성(단지~지하철역): 9.5점/10점
- 24시 소아청소년과 병원까지의 거리: 자동차 5분
- 단지 내 놀이터의 안전 등급: 최상

4) 추천결과

구분	기존의 필터링 방식	AI 개인화 추천 서비스
제공되는 정보	조건에 맞는 아파트의 나열 (정량적 정보)	'우리 가족 맞춤 스코어카드' (정성적/맥락적 정보)
정보 탐색 과정	사용자가 모든 정보를 직접 해석하고 검증해야 함	AI가 정보를 해석하여 우선순위에 따라 제시
가상 추천 결과	수백 개의 선택지로 인한 결정 장애 유발	데이터 기반의 확신을 주는 단 하나의 최적 대안 제시
의사결정의 질	불안감 속에서 제한된 정보로 결정	데이터 기반의 확신과 신뢰를 가지고 결정

개인화된 부동산 추천 서비스의 발전은 '매물 중심'의 시장에서 '사람 중심'의 시장으로 무게추가 이동하고 있음을 보여주는 가장 명백한 증거이다. 미래의 부동산 서비스는 더 많은 매물을 보여주는 것으로 경쟁하지 않는다. 대신, 한 개인과 가족의 삶을 얼마나 깊이 이해하고, 그들의 다음 챕터를 위한 가장 완벽한 무대를 얼마나 정확하게 추천할 수 있는가로 경쟁하게 될 것이다. 이는 단순한 주거 공간의 중개를 넘어, 데이터와 공감을 통해 한 사람의 인생을 컨설팅하는 차원으로 발전해 나갈 것임을 시사한다.

6. 미래 도시부동산 평가 전문가의 역할 변화 전망과 가상사례

인공지능이 인간의 고유한 영역이라 여겨졌던 분야까지 넘보는 지금, 많은 이들이 질문을 던진다. 'AI가 감정평가사, 부동산 분석가와 같은 전문가를 대체하게 될 것인가?' 이 질문에 대한 답은 단순한 '예' 또는 '아니오'가 아니다. 정답은 '대체'가 아닌 '진화'에 가깝다.

과거 계산기가 수학자를 대체하는 대신 더 고차원적인 문제에 집중하게 만들었듯이, AI는 부동산 전문가를 단순 계산과 자료 수집의 반복 업무에서 해방시키고, 더 창의적이고 전략적인 역할을 수행하는 파트너로 격상시킬 것이다. 미래의 전문가는 AI의 조작자가 아닌, AI와 협력하여 가치를 창조하는 '가치 전략가'로 거듭나게 된다.

6.1. 전문가의 새로운 사명: 계산가를 넘어 가치 창조자로

AI 시대에 부동산 전문가의 역할은 크게 세 가지 방향으로 진화하게 된다. 이는 과거의 역할과 명확히 대비되며, 더 높은 수준의 통찰력과 윤리적 판단을 요구한다.

(1) **데이터 수집가에서 데이터 전략가로(Data Strategist)**: 과거 전문가는 현장을 방문하여 실측하고, 공적 장부를 뒤져 유사 거래 사례를 수집하는 데 많은 시간을 할애했다. 미래 전문가는 어떤 데이터를, 어떻게 융합하여 새로운 인사이트를 얻을 것인지를 설계하는 데이터 전략가의 역할을 수행한다. 위성사진 데이터로 도시의 녹지 변화를 읽어내고, IoT 센서 데이터로 건물 에너지 효율을 평가하며, 소셜 데이터로 지역의 평판을 분석하는 등, 가치 평가 모델 자체를 디자인하고 데이터 생태계를 구축하는 것이 핵심 역량이 된다.

(2) **산정가에서 알고리즘 감사인으로(Algorithm Auditor)**: 과거 전문가는 정해진 세 가지 평가 방식(원가, 비교, 수익)이라는 틀 안에서 가치를 산정했다. 미래 전문가는 AI가 도출한 결과가 편향되거나 왜곡되지 않았는지 비판적으로 검토하고 감사하는 역할을 맡는다. AI의 '설명가능성(XAI)' 도구를 활용하여 판단의 근거를 확인하고, 알고리즘이 특정 계층이나 지역에 불리하게 작용하지는 않는지, 지속가능성이나 사회적 가치와 같은 중요한 변수를 누락하지는 않았는지 감독하는 '알고리즘 윤리학자'의 면모를 갖추어야 한다.

(3) **평가서 작성자에서 가치 스토리텔러로(Value Storyteller)**: 과거 전문가는 평가액이라는 하나의 숫자가 담긴 보고서를 납품하는 것으로 역할이 끝나는 경우가 많았다. 미래 전문가는 AI가 분석한 복잡한 데이터를 고객이 이해할 수 있는 명쾌한 '가치 스토리'로 엮어내는 능력이 중요해진다. AI가 '무엇(What)'을 찾아냈다면, 전문가는 '왜(Why)' 그런 결과가 나왔고 '그래서 어떻게(So What)' 해야 하는지를 설득력 있게 전달하는 컨설턴트가 되어야 한다. 데이터를 근거로 투자 전략을 제시하고, 개발 방향을 제안하며, 위험 요인을 관리하는 종합적인 솔루션을 제공하는 것이다.

6.2. 가상 사례로 보는 전문가의 역할 진화

불광천 수변감성도시 조성사업 제안공모 가원조경설계사무
https://www.lafent.com

◆ 가상 사례 1: 낙후된 수변 공간의 도시재생 프로젝트

1) **현황**: 한 지자체가 오랫동안 방치된 공업지대 인근의 수변 공간을 재개발하고자 한다.

2) **과거 전문가(감정평가사)의 역할**: 프로젝트의 현재 가치를 평가하기 위해 고용된다. 유사 공업용지 거래 사례와 토지 조성 원가 등을 바탕으로 "해당 부지의 현재 가치는 500억 원임"이라는 내용의 감정평가서를 제출하는 것이 주된 임무이다.

3) **미래 전문가(데이터 기반 가치 컨설턴트)의 역할**:

(1) **데이터 전략 수립**: 전통적 데이터 외에, 주말 유동인구 데이터, SNS 상의 '수변공간' 관련 긍정/부정 여론, 인근 지역의 창조산업 사업자 등록 현황 데이터를 융합한 동적 가치 시뮬레이션 모델을 설계한다.

(2) **AI 시뮬레이션 및 가치 제안**: AI를 통해 '복합 문화 상업 공간 개발', '생태 공원 조성', 'R&D 캠퍼스 유치' 등 여러 시나리오별 미래가치와 사회적 파급효과를 예측한다.

(3) **가치 스토리텔링**: "현재 가치는 500억 원이지만, 생태공원을 중심으로 한 복합 문화 공간으로 개발하는 시나리오 A의 경우, 10년 후 부동산 가치는 2,000억 원으로 상승하고 '시민 행복 지수'는 40% 증가할 것으로 예측됩니다. 반면 R&D 캠퍼스 유치 시나리오 B는 경제적 가치는 2,500억 원으로 더 높지만, 젠트리피케이션으로 인한 '사회적 갈등 지수'가 높아질 위험이 있습니다." 와 같이 데이터에 기반한 전략적 대안과 그 근거를 제시한다.

4) 대안제시

구분	과거 전문가(감정평가사)	미래 전문가(가치 컨설턴트)
주요 임무	현재 시점의 정적 가치 산정	미래 시나리오별 동적 가치 예측 및 전략 제안
활용 도구	3대 평가 방식, 공적 장부, 계산기	AI 시뮬레이션 모델, 다차원 빅데이터, 설명가능 AI
결과물	감정평가서(하나의 가치 평가 액)	전략적 가치 컨설팅 보고서(대안별 예측, 기회, 위험)
프로젝트 기여	사업의 기준점(현재 가치) 제시	사업의 방향성 및 최적의 의사결정 지원

◆ 가상 사례 2: 부동산 투자 신탁(REITs)의 포트폴리오 관리

1) **현황**: 한 대형 리츠(REITs)사가 전국에 분포된 오피스 빌딩 포트폴리오를 관리하고 있다.

2) **과거 전문가(포트폴리오 분석가)의 역할**: 분기별 임대료 수익률, 공실률 보고서를 검토하고 시장 동향 리포트를 분석한다. 이미 발생한 사건에 대해 사후적으로 대응하는 것이 주된 업무이다.

3) **미래 전문가(리스크 및 기회 관리자)의 역할**:

- AI 기반 조기 경보 시스템 운영: AI 시스템이 24시간 포트폴리오를

모니터링한다. 기후 변화 모델을 통해 특정 빌딩의 미래 침수 위험도를 예측하고, 원격근무 확산 트렌드를 분석하여 오피스 수요 변화를 예측하는 등 잠재적 리스크와 기회를 선제적으로 포착한다.

- 알고리즘 감사 및 윤리적 판단: AI가 특정 지역 빌딩의 가치가 폭등하고 있다고 보고한다. 전문가는 AI의 판단 근거를 확인한 결과, 그 요인이 소상공인들을 내모는 급격한 젠트리피케이션 때문임을 파악한다. 이는 단기적으로는 이익이지만, 장기적으로는 기업의 ESG(환경·사회·지배구조) 경영에 반하는 '사회적 리스크'임을 경영진에 보고한다.
- 선제적 전략 수립: 단순히 해당 빌딩을 매각하여 차익을 실현하는 대신, "해당 빌딩의 1층 일부를 지역 소상공인을 위한 저렴한 임대 공간으로 제공하여 지역 상생을 도모하고, 이를 통해 장기적으로 건물의 평판과 브랜드 가치를 높이는 전략"을 역으로 제안한다.

4) 전략제안

구분	과거 전문가(포트폴리오 분석가)	미래 전문가(리스크 및 기회 관리자)
업무 방식	사후 대응적(보고서 검토 중심)	선제적, 예측적(실시간 모니터링 및 시뮬레이션)
주요 관심사	수익률, 공실률 등 재무적 성과	재무적 성과 + 잠재적 리스크, 사회적 가치, ESG
가상 제안	"수익률이 하락했으니 원인을 분석해야 합니다."	"AI 예측 결과, 2년 후 이 지역의 원격근무 비율이 높아져 공실률 리스크가 있으니 선제적으로 대응해야 합니다."
역할의 본질	성과 관리자 (Performance Manager)	기회 창출자 및 위험 관리자(Opportunity & Risk Creator)

미래 도시부동산 전문가의 여정은 위협이 아닌 기회로 가득 차 있다. 단순하고 반복적인 업무는 AI에게 위임하고, 인간 전문가는 그 위에서 전략을 수립하고, 윤리적 잣대를 적용하며, 복잡한 데이터 속에 숨겨진 의미를 해석하여 가치를 창출하는 고도의 지적 활동에 집중하게 될 것이다. 미래의 전문가는 더 이상 부동산의 가격을 계산하는 사람이 아니다. 그들은 데이터와 기술, 그리고 인간의 통찰력을 조화롭게 지휘하여 더 효율적이고 지속 가능하며 공정한 도시를 만들어가는 '도시 가치 오케스트라의 지휘자'로 진화할 것이다.

제2장

도시부동산 데이터의 구조와 특성

1. 도시부동산 데이터의 유형과 수집 경로의 체계적인 분류와 가상사례

도시의 가치를 정확히 읽어내기 위한 첫걸음은 어떤 데이터를, 어디서, 어떻게 얻을 것인지를 아는 것에서 시작된다. 의사가 환자를 진단할 때 청진기, 혈액검사, X-ray, MRI 등 다양한 도구를 사용하는 것처럼, 도시부동산 전문가 역시 다양한 유형의 데이터를 체계적으로 분류하고 융합할 수 있어야 비로소 도시부동산의 상태와 미래 가치를 정확하게 진단할 수 있다. 데이터의 홍수 속에서 옥석을 가려내는 능력, 즉 데이터의 체계적인 분류와 이해는 미래 전문가의 가장 핵심적인 역량이다.

1.1. 도시를 해부하는 4가지 데이터 유형

1.1.1. 데이터의 형태'와 '데이터의 출처'라는 두 가지 축을 기준으로 나눈다.

도시부동산의 가치를 분석하는 데 사용되는 데이터는 크게 '데이터의 형태'와 '데이터의 출처'라는 두 가지 축을 기준으로 나눌 수 있다. 이 두 축을 교차하면 우리는 4가지 핵심 데이터 유형을 얻게 된다.

1) 데이터의 형태(Format)

(1) 정형 데이터(Structured Data): 엑셀 시트처럼 행과 열로 명확하게 구조화된 데이터이다. 컴퓨터가 이해하고 분석하기 용이하며, 전통적인 분석에서 주로 활용되었다.(예: 아파트 실거래 가격, 연령별 인구수)

(2) 비정형 데이터(Unstructured Data): 정해진 구조가 없는 텍스트, 이미지, 영상, 음성 등의 데이터이다. 전체 빅데이터의 80% 이상을 차지하며, 새로운 인사이트의 보고(寶庫)이다.(예: 뉴스 기사, SNS 게시글, 위성사진)

2) 데이터의 출처(Source)

(1) 공공 데이터(Public Data): 정부나 공공기관이 수집하여 공개하는 데이터로, 접근이 용이하고 시장 분석의 뼈대를 이룬다.

(2) 민간 데이터(Private Data): 기업이 영업 활동을 통해 수집한 데이터로, 사람들의 실제 행동과 욕구를 가장 생생하게 담고 있어 가치가 높다.

도시부동산 데이터의 유형 분류

도시부동산 가치 분석에 사용되는 데이터는 '데이터의 형태(Format)'와 '데이터의 출처(Source)'를 두 축으로 하여 아래와 같이 체계적으로 분류할 수 있다.

구분	공공 데이터(Public Data)	민간 데이터(Private Data)
정형 데이터 (Structured Data)	정부 및 공공기관이 수집하여 정해진 구조에 따라 제공하는 데이터이다. 부동산 분석의 가장 기본이 된다. (예: 국토교통부 실거래가, 통계청 인구주택총조사, 건축물대장, 공시지가)	기업이 영업 활동을 통해 수집한 정형화된 데이터이다. 소비 및 행동 패턴 분석에 매우 유용하다. (예: 신용카드사 결제 데이터, 통신사 유동인구 데이터, 은행 대출 심사 정보)
비정형 데이터 (Unstructured Data)	공공 영역에서 생성되지만 정해진 구조가 없는 데이터이다. 정책 방향이나 사회적 요구를 파악하는 데 활용된다. (예: 지자체 온라인 민원(VOC) 텍스트, 공청회 영상, 국회 회의록, 도시계획 공고문)	민간 영역에서 생성되는 텍스트, 이미지, 영상 등 비정형 데이터이다. 최신 트렌드와 소비자의 감성까지 포착할 수 있다. (예: SNS 게시물, 블로그 리뷰, 유튜브 영상, 내비게이션 경로 데이터, 배달앱 주문 정보)
데이터 포맷	제한된 수의 데이터 포맷을 사용할 수 있음.	비정형 데이터에는 매우 다양한 데이터 포맷을 사용할 수 있음.
데이터 베이스	SQL 기반 관계형 데이터베이스가 사용됨.	특정 스키마가 없는 NoSQL 데이터베이스가 사용됨.
검색	데이터베이스 또는 데이터 세트 내에서 데이터를 검색하고 찾기가 매우 쉬움.	비정형 특성으로 인해 특정 데이터 검색이 매우 힘듦.
분석	데이터의 양적 특성으로 인해 분석이 매우 쉬움.	기존 소프트웨어 도구로도 분석이 매우 어려움.
저장방법	정형 데이터에는 데이터 웨어하우스가 사용됨.	비정형 데이터를 저장하는 데에는 데이터 레이크가 사용됨.

1.1.2. 도시부동산 분석하는 4개의 핵심 데이터 분야

이 기준에 따라 우리는 도시부동산을 분석하는 4개의 핵심 데이터 분야를 정의할 수 있다.

(1) **공공-정형 데이터**: 도시부동산 분석의 가장 기본이 되는 데이터.(예: 국토교통부 실거래가, 통계청 인구주택총조사, 건축물대장)

(2) **공공-비정형 데이터**: 도시부동산 정책의 방향이나 시민의 목소리를 읽을 수 있는 데이터.(예: 지자체 회의록, 공청회 영상, 국민신문고 민원 텍스트)

(3) **민간-정형 데이터**: 사람들의 구체적인 소비 및 이동 패턴을 보여주는 데이터.(예: 신용카드사 결제 데이터, 통신사 유동인구 데이터, 앱 사용 로그)

(4) **민간-비정형 데이터**: 최신 트렌드와 미세한 감성 변화까지 포착하는 데이터.(예: 인스타그램 게시물, 유튜브 브이로그, 내비게이션 경로 데이터)

진정한 가치 평가는 이 네 가지 분야의 데이터를 목적에 맞게 융합하고 교차 검증하여 하나의 완성된 그림을 그려낼 때 가능하다.

도시부동산 분석의 4가지 핵심 데이터 분야

데이터 분야	설명 및 예시
공공-정형 데이터	도시부동산 분석의 가장 기본이 되는 데이터이다. (예: 국토교통부 실거래가, 통계청 인구주택총조사, 건축물대장)
공공-비정형 데이터	도시부동산 정책의 방향이나 시민의 목소리를 읽을 수 있는 데이터이다. (예: 지자체 회의록, 공청회 영상, 국민신문고 민원 텍스트)
민간-정형 데이터	사람들의 구체적인 소비 및 이동 패턴을 보여주는 데이터이다. (예: 신용카드사 결제 데이터, 통신사 유동인구 데이터, 앱 사용 로그)
민간-비정형 데이터	최신 트렌드와 미세한 감성 변화까지 포착하는 데이터이다. (예: 인스타그램 게시물, 유튜브 브이로그, 내비게이션 경로 데이터)

1.2. 가상 사례로 본 데이터 융합의 힘

◆ 가상 사례 1: 친환경 소비 성향(Greensumer) 주거 단지 발굴

현대 생활의 새로운 대안 진화하는 블록형 단독주택: 네이버 블로그

1) **현황**: 한 건설사가 환경과 건강을 중시하는 '그린슈머'를 타겟으로 하는 새로운 주거 단지 부지를 찾고 있다고 가정하자.

2) **현안과제**: 어떤 지역이 미래의 친환경 주거지로서 잠재력이 가장 높을까?

3) 데이터 융합 분석:

- 1단계(공공-정형): 먼저, 서울시 공공데이터포털에서 공원, 녹지, 하천의 위치와 면적 데이터를 확보하여 기본적인 녹지 환경을 분석한다.
- 2단계(민간-정형): 신용카드사 데이터와 융합하여, 1단계에서 추려신 지역들 중 유기농 매상, 자선거 선문섬, 비선 레스토랑에서의 소비액이 높은 지역을 식별한다.
- 3단계(공공-비정형): 해당 지역 구청의 회의록을 텍스트 마이닝하여 '전기차 충전소 확대', '자전거 도로 신설'과 같은 친환경 정책 관련 논의가 활발한 곳을 찾아낸다.

- 4단계(민간-비정형): 인스타그램 데이터를 분석하여, '#플로깅', '#제로웨이스트', '#채식' 등의 키워드 게시물이 유독 많이 생성되는 '핫스팟'을 최종적으로 도출한다.

AI는 이 4단계의 데이터 융합을 통해, 단순히 녹지가 많은 곳이 아닌, 실제 친환경 소비와 활동, 그리고 정책적 지원 의지가 결합된 '가상동'을 최적의 후보지로 추천한다.

4) 후보지 추천

분석 질문	활용 데이터 유형	세부 데이터 예시	분석을 통해 얻는 인사이트
1. 녹지 공간은 어디에 많은가?	공공-정형	GIS 기반 공원 및 녹지 분포 데이터	친환경 인프라의 물리적 현황 파악
2. 실제 친환경 소비는 어디서 일어나는가?	민간-정형	신용카드 결제 데이터(유기농 매장 등)	실제 거주민의 소비 성향 및 라이프스타일 파악
3. 지자체의 지원 의지는 있는가?	공공-비정형	구청 회의록 텍스트 데이터	미래 친환경 정책의 방향성 및 발전 가능성 예측
4. 자발적 커뮤니티 활동은 활발한가?	민간-비정형	SNS 게시물 데이터 (#플로깅 등)	지역의 트렌드 및 커뮤니티의 자생적 활력 측정

◆ 가상 사례 2: 대규모 쇼핑몰 개발 프로젝트의 숨겨진 위험 분석

쇼핑을 넘어 놀이문화 창조하다 https://www.rcast.co.kr/news

1) **현황**: 한 개발사가 특정 지역에 대규모 복합 쇼핑몰을 건설하려는 계획을 세웠다.

2) **초기 분석**(단일 데이터 의존): 공공-정형 데이터인 통계청 인구 데이터만으로 분석한 결과, 해당 지역의 배후 인구가 50만 명에 달하고 소득 수준도 높아 사업성이 매우 높다고 판단했다.

3) 데이터 융합을 통한 심층 분석:

(1) **민간-정형**(통신사): 유동인구 데이터를 분석하니, 거주인구는 많지만 주간 활동인구는 오히려 인근 업무지구로 빠져나가는 전형적인 '베드타운' 특성을 보였다.

(2) **민간-정형**(카드사): 카드 매출 데이터를 분석하니, 고액의 소비는 대부분 거주지가 아닌 직장이 위치한 도심에서 발생하고 있었다.

(3) **민간-비정형**(내비게이션): 주말 길 안내 경로 데이터를 분석하니, 해당 지역에서 출발하여 외곽의 다른 대형 쇼핑몰이나 교외로 빠져나가는 차량이 대부분이었다. 지역 내에서의 상업적 구심력이 약함을 의미한다.

데이터 융합 결과, 초기 분석과는 정반대로 해당 지역에 대규모 쇼핑몰을 짓는 것은 실패 확률이 매우 높다는 결론이 나왔다. 전문가는 이 데이터를 근거로, '지역 밀착형 커뮤니티 상가'나 '자녀 교육 특화 상가'로 개발 컨셉을 전면 수정할 것을 제안하여 수천억 원의 손실을 막을 수 있었다.

4) 최종 제안

구분	초기 분석(단일 데이터 의존)	심층 분석(데이터 융합)
주요 활용 데이터	공공-정형(인구통계)	[융합] 공공-정형, 민간-정형(통신/카드), 민간-비정형(내비)
지역에 대한 해석	구매력 높은 인구가 밀집한 유망 지역	거주만 할 뿐, 실제 소비와 활동은 외부에서 하는 베드타운
가상 사업성 평가	매우 높음	매우 낮음(컨셉 변경 시 보통)
결론	대규모 복합 쇼핑몰 개발 추진	개발 컨셉 전면 수정(지역 밀착형 상가로 변경)

미래의 도시부동산 가치 평가는 단일 데이터의 양이 아닌, 이질적인 데이터들을 얼마나 창의적으로 융합하여 시너지를 만들어내는지에 따라 성패가 갈린다. 공공 데이터로 뼈대를 세우고, 민간 데이터로 혈관과 신경을 연결하며, 정형 데이터로 구조를 파악하고, 비정형 데이터로 사람들의 감정과 문화를 읽어낼 때, 비로소 우리는 도시라는 복잡한 유기체를 총체적으로 이해할 수 있다. 이 데이터의 지형도를 이해하고 자유자재로 활용하는 능력이야말로 미래 전문가가 갖추어야 할 가장 강력한 무기가 될 것이다.

2. 도시부동산에서 공간정보(GIS) 데이터의 가치 평가와 활용분야과 가상사례

'부동산의 가치는 입지에 있다'는 말은 오랜 시간 동안 불변의 진리로 여겨져 왔다. 그러나 이제 우리는 단순한 주소나 위치 정보를 넘어, 그 공간이 담고 있는 무수한 관계와 맥락을 분석하는 시대에 살고 있다.

공간정보(Geographic Information System, GIS) 데이터는 바로 이 '공간의 맥락'을 시각적으로, 그리고 과학적으로 분석하는 가장 강력한 도구이다. 이는 마치 평면적인 종이 지도를 보다가, 교통량, 상권, 학군 등 수십 개의 투명한 정보 필름을 겹쳐보며 도시를 입체적으로 투시하는 것과 같다. GIS는 단순한 지도가 아니라, 도시의 모든 정보를 공간이라는 그릇에 담아 분석하는 강력한 엔진이다.

2.1. 공간에 가치를 부여하는 GIS 데이터의 힘

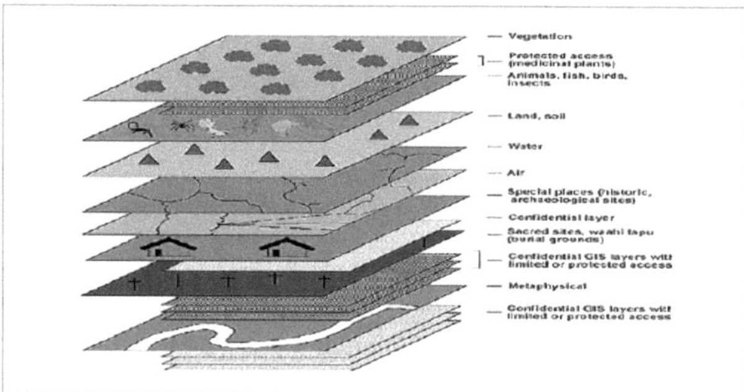

GIS layers and confidential sub-layers
https://www.researchgate.net

2.1.1. GIS의 진정한 힘은 '레이어(Layer)'에 있다.

공간정보(GIS) 데이터는 위도와 경도 좌표 값을 가진 모든 데이터를 의미한다. 즉, 지도 위에 시각적으로 표현하고 분석할 수 있는 모든 정보가 GIS 데이터가 될 수 있다. GIS의 진정한 힘은 각각의 정보를 '레이어(Layer)'라는 개념으로 다루는 데 있다. 도로망 레이어, 지하철역 레이어, 학군 레이어, 범죄율 레이어, 상권 레이어 등을 투명한 필름처럼 겹쳐보는 '중첩 분석'을 통해, 이전에는 파악할 수 없었던 새로운 공간적 인사이트를 발견할 수 있다.

2.1.2. 공간정보(GIS) 데이터의 핵심적 가치

도시부동산 분야에서 GIS의 가치는 다음과 같은 핵심적인 분석 기능을 통해 발현된다.

(1) **근접성 분석**(Proximity Analysis): 특정 시설로부터 일정 거리(예: 반경 500m) 안에 무엇이 있는지를 분석하는 '버퍼(Buffer)' 기능이 대표적이다. '스타벅스 효과'처럼 특정 브랜드의 입점이 주변 부동산에 미치는 영향을 정량적으로 분석하거나, 유해시설로부터의 거리에 따른 가격 변화를 측정할 수 있다.

(2) **네트워크 분석**(Network Analysis): 단순히 직선거리가 아닌, 실제 도로망이나 대중교통망을 따라 이동하는 최단 경로와 시간을 분석한다. 이를 통해 특정 아파트에서 가장 가까운 초등학교가 어디인지가 아니라, '안전한 보행로를 따라 실제로 걸어갈 수 있는' 초등학교가 어디인지를 파악하는 등 훨씬 현실적인 접근성을 평가할 수 있다.

(3) **입지-배분 분석**(Location-Allocation): 특정 서비스를 가장 효율적으로 제공할 수 있는 최적의 입지를 찾아낸다. 예를 들어, 특정 인구집단을 타겟으로 하는 새로운 공공도서관이나 상업시설의 최적 입지를 수요 분포와 교통망을 고려하여 과학적으로 선정할 수 있다.

(4) **밀도 분석**(Density Analysis): 특정 사건이나 시설의 밀집도를 분석하여 '핫스팟(Hot Spot)'을 시각적으로 표현한다. 특정 지역의 범죄 발생 밀도, 혹은 특정 프랜차이즈의 밀집도를 분석하여 상권의 특성이나 안전도를 평가하는 데 활용된다.

공간정보(GIS) 데이터의 핵심 분석 기능

분석 기능	설명 및 활용 분야
근접성 분석 (Proximity Analysis)	특정 시설로부터 일정 거리 안에 무엇이 있는지를 분석하는 '버퍼(Buffer)' 기능이 대표적이다. (활용: '스타벅스 효과' 등 특정 브랜드 입점의 파급효과 분석, 유해시설 이격 거리에 따른 부동산 가치 변화 측정)
네트워크 분석 (Network Analysis)	직선거리가 아닌 실제 도로, 보행로, 대중교통망을 따라 최단 경로와 소요 시간을 분석한다. (활용: 실제 통학/통근 거리 기반의 현실적 접근성 평가, 물류 배송 최적 경로 분석)
입지-배분 분석 (Location-Allocation)	특정 서비스를 가장 효율적으로 제공할 수 있는 최적의 입지를 과학적으로 찾아낸다. (활용: 신규 공공시설(도서관, 소방서) 및 상업시설(편의점, 은행)의 최적 입지 선정)
밀도 분석 (Density Analysis)	특정 사건이나 시설의 밀집도를 분석하여 '핫스팟(Hot Spot)'을 시각적으로 도출한다. (활용: 범죄 발생 밀집 지역 분석을 통한 안전도 평가, 특정 상권의 업종 밀집도 분석)

2.2. 가상 사례로 본 GIS 데이터의 활용

◆ 가상 사례 1: '슬세권' 단지 내 상가의 미시적 가치 분석

빵집인테리어 / 30평 베이커리카페: 네이버 블로그
https://m.blog.naver.com

1) **현황:** 한 대규모 아파트 단지 내에 동일한 면적과 임대료를 가진 1층 상가 'A'와 'B'가 매물로 나왔다. 투자자는 두 곳 중 어디에 베이커리를 열어야 할지 고민하고 있다.

2) **전통적 분석:** 두 상가 모두 동일 단지 내에 위치하므로 배후 수요는 동일하다고 판단, 큰 차이가 없다고 결론 내린다.

3) GIS 기반 분석:

(1) **활용 레이어:** ① 단지 내 건물 배치도(세대수 정보 포함) ② 각 동의 주 출입구 위치 ③ 단지 내 보행로 네트워크 ④ 놀이터, 커뮤니티 센터 등 주요 편의시설 위치

(2) **분석 기법:** 보행로 네트워크 분석을 통해 각 세대의 주 출입구에서 상가 A와 B까지의 '실제 도보 경로'를 시뮬레이션한다.

(3) **분석 결과:** GIS 분석 결과, 상가 A는 단지 주 출입구와 세대수가 가장 많은 동들을 잇는 '필수 보행 동선' 상에 위치하여, 하루 평균 2,500명의 유효 통행인구가 발생하는 것으로 나타났다. 반면 상가 B는 커뮤니티 센터 근처에 위치하지만, 주 동선에서 벗어나 있어 유효 통행인구가 800명에 불과했다. 유효 수요가 3배 이상 차이 나는 것이다. 투자자는 이 분석을 통해 확신을 갖고 상가 A를 선택한다.

4) 최종 선택

구분	상가 A	상가 B
전통적 분석	대단지 내 상가로 배후 수요 풍부함	대단지 내 상가로 배후 수요 풍부함
GIS 기반 분석	- 분석 기법: 보행로 네트워크 분석 - 유효 통행인구: 일 평균 2,500명 (주 동선상 위치)	- 분석 기법: 보행로 네트워크 분석 - 유효 통행인구: 일 평균 800명(주 동선에서 이탈)

미시적 가치 평가	높은 접근성과 노출도로 인한 최상급 입지	제한된 접근성으로 인한 보통 등급 입지
가상 투자 결정	베이커리 입점지로 최종 선택	투자 대상에서 제외

◆ 가상 사례 2: 기후 변화 리스크를 반영한 해안 도시 투자 전략

한화호텔앤리조트 통영 투자 지역, '관광' 기회발전특구 신청
https://www.gjn.kr/news

1) **현황**: 한 연기금이 2050년을 목표로 부산의 한 해안 지역에 대규모 관광 리조트 건설 투자를 검토하고 있다.

2) **전통적 분석**: 현재의 관광 수요, 해안 조망권, 주변 개발 계획 등을 근거로 사업성이 매우 높다고 평가한다.

3) GIS 기반 리스크 분석:

(1) **활용 레이어**: ① 수치표고모델(DEM)을 이용한 정밀 지형고도 데이터 ② 국책 연구기관의 '2050년 예상 해수면 상승' 시뮬레이션 데이터 ③ 도로, 전력, 상하수도 등 핵심 기반시설 위치 데이터 ④ 해당 지역 부동산 필지 데이터

(2) **분석 기법**: 모든 레이어를 중첩(Overlay)하여, 예상 해수면 상승 시 침수되는 지역과 그 영향을 분석한다.

(3) **분석 결과:** GIS 시뮬레이션 결과, 리조트 부지 자체는 안전한 고도에 위치하지만, 리조트로 들어오는 주요 진입도로의 30%와 핵심 전력 공급 시설이 2050년 상습 침수 구역에 포함되는 것으로 나타났다. 이는 장기적으로 리조트 운영에 치명적인 리스크가 될 수 있다. 전통적 평가에서는 발견할 수 없었던 이 '숨겨진 리스크'를 근거로, 연기금은 개발사에 기반시설을 더 안전한 곳으로 이전하거나 방재 설비를 강화할 것을 요구하는 조건으로 투자를 결정한다.

4) 투자 결정

구분	전통적 가치 평가	GIS 기반 리스크 평가
분석의 관점	현재의 시장 가치 및 개발 이익	미래의 기후 변화 리스크 및 장기적 안정성
주요 활용 데이터	부동산 시세, 관광객 통계, 개발 계획	[융합] 지형고도, 해수면 상승 예측, 기반시설 GIS 데이터
사업성에 대한 결론	우수한 조망권과 수요로 사업성 '매우 높음'	핵심 기반시설의 침수 리스크로 인해 '조건부 적합'
가상 투자 전략	즉시 투자 집행	방재 대책 수립을 조건으로 한 선별적 투자 집행

GIS 데이터와 분석 기술은 부동산의 가치를 평가하는 방식을 1차원적인 '점(Point)'의 분석에서 다차원적인 '관계(Relation)'의 분석으로 바꾸어 놓았다. '어디에 있는가'를 넘어 '무엇과 인접해 있고, 어떻게 연결되며, 어떤 맥락 속에 놓여 있는가'를 과학적으로 증명하는 것이다. 이는 부동산의 물리적 가치뿐만 아니라, 그 공간이 지닌 잠재적 기회와 숨겨진 위험까지 투명하게 보여준다. 미래 사회에서 공간 정보를 읽고 해석하는 능력은 도시를 이해하고 부동산의 미래 가치를 예측하는 가장 기본적인 소양이 될 것이다.

3. 센서 네트워크를 통한 실시간 도시부동산 정보 수집 방식과 가상사례

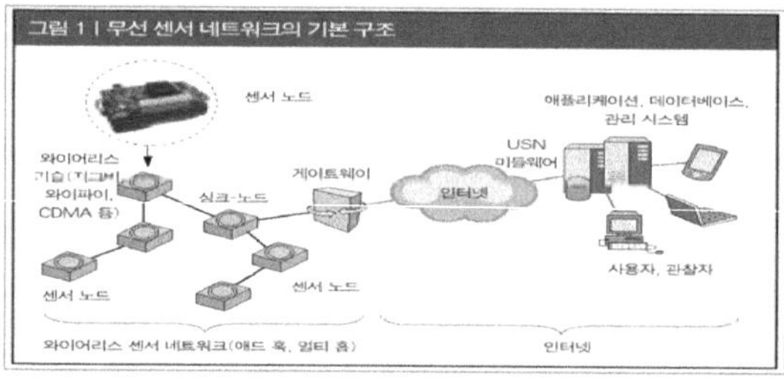

USN의 개념과 각 부분별 구성요소 https://m.cafe.daum.net

인간이 오감을 통해 주변 환경을 인지하듯, 21세기의 도시는 이제 수많은 센서로 이루어진 '도시의 신경망'을 통해 스스로의 상태를 실시간으로 감지하고 데이터를 생산하고 있다.

과거에는 추측의 영역에 머물렀던 소음, 공기의 질, 사람들의 실제 움직임과 같은 무형의 요소들이 이제는 정밀한 센서 네트워크를 통해 객관적인 데이터로 변환된다. 이는 도시의 보이지 않는 가치를 보이게 만드는 기술이며, 부동산의 가치를 평가하는 방식을 과거의 정적인 기록에서 현재의 동적인 현실로 바꾸는 핵심적인 변화이다.

3.1. 도시의 맥박을 느끼는 신경망, 센서 네트워크

센서 네트워크란 도시 곳곳에 거미줄처럼 설치된 다양한 종류의 센서들이 서로 연결되어, 도시의 물리적 환경과 활동에 대한 데이터를 지속적으로 수집하고 전송하는 시스템을 말한다. 이는 특정 시점에 한 번 측정하고 끝나는 것이 아니라, 24시간 살아 움직이는 도시의 맥박을 실시간으로, 그리고 매우 조밀하게 측정한다는 점에서 기존의 데이터 수집 방식과 근본적인 차이를 가진다.

3.1.1. 도시부동산 가치 평가에 활용되는 주요 센서와 수집 정보

도시부동산 가치 평가에 활용되는 주요 센서와 수집 정보는 다음과 같다.

(1) **환경 센서(Environmental Sensors)**: 미세먼지 농도, 소음 수준(dB), 일조량(조도), 온도, 습도 등 인간의 쾌적성과 건강에 직접적인 영향을 미치는 환경 요소를 측정한다. 이는 '삶의 질'이라는 추상적인 개념을 구체적인 수치로 변환시켜 부동산의 실질 가치에 반영하는 기준이 된다.

(2) **유동인구 및 교통량 측정 센서(Flow & Traffic Sensors)**: 적외선 카운터, 익명화된 영상 분석, 와이파이 신호 감지기 등을 통해 특정 지점을 지나는 보행자 수, 차량 통행량, 사람들의 평균 체류 시간 등을 실시간으로 집계한다. 이는 상업용 부동산의 잠재 고객 규모와 상권의 활력을 가장 직접적으로 보여주는 데이터이다.

(3) **스마트 인프라 센서(Smart Infrastructure Sensors)**: 공공 주차장의 실시간 주차 가능 대수, 스마트 가로등의 조도 및 작동 상태, 건물 단위의 에너지 사용량, 수도관의 누수 여부 등을 감지한다. 이는 해당 지역의 관리 수준과 생활 편의성, 그리고 지속가능성을 평가하는 새로운 지표로 활용된다.

이러한 센서 데이터는 더 이상 단일 건물의 가치가 아닌, 그 건물이 속한 도시 환경의 총체적인 질을 평가하는 객관적인 근거를 제공한다.

3.2. 가상 사례로 본 센서 데이터의 활용

◆ 가상 사례 1: '쾌적성 지수'를 통한 동일 아파트 내 동별 가치 차등화

1) **현황**: 최근 입주를 시작한 대규모 아파트 단지가 있다. 전통적으로는 향이나 층수에 따라 가격이 결정되었지만, 센서 데이터를 통해 보

이지 않던 가치의 차이를 증명하고자 한다.

2) **현안 과제:** 대로변에 인접한 101동과 단지 내 공원에 인접한 105동의 분양가는 동일했다. 그러나 입주민들 사이에서는 체감하는 주거 환경의 질이 다르다는 의견이 나온다.

3) **센서 네트워크 기반 분석:**

(1) **데이터 수집:** 단지 내 모든 동 외벽에 소음, 미세먼지, 조도 센서를 설치하여 3개월간 데이터를 실시간으로 수집한다.

(2) **분석 결과:** 101동은 출퇴근 시간대 평균 소음이 65dB에 육박하고 미세먼지 농도가 '나쁨' 수준까지 자주 상승했다. 반면 105동은 평균 소음이 45dB로 조용하고, 미세먼지 농도도 항상 '좋음' 수준을 유지했으며, 주변 건물에 가리지 않아 평균 일조 시간도 더 길게 나타났다.

(3) **가치 평가 적용:** 수집된 데이터를 바탕으로 '실시간 주거 쾌적성 지수'를 산출한 결과, 105동은 평균 9.2점, 101동은 평균 6.5점을 기록했다. 이 객관적 지표를 근거로, 105동의 가치는 기준가 대비 5% 할증하고, 101동은 3% 할인하는 '데이터 기반 가치 보정'을 적용한다.

4) 결과

구분	101동(대로변 인접)	105동(공원 인접)
전통적 평가	기준가 (조망, 향, 층수 외 차이 없음)	기준가 (조망, 향, 층수 외 차이 없음)
센서 데이터 분석 (3개월 평균)	- 소음: 65dB - 미세먼지: '나쁨' 빈번 - 일조량: 보통	- 소음: 45dB - 미세먼지: '좋음' 유지 - 일조량: 우수
실시간 주거 쾌적성 지수	6.5점/10점	9.2점/10점
가상 가치 보정률	-3%	+5%

◆ 가상 사례 2: 상업용 부동산의 '실질 유효 트래픽' 기반 임대료 산정

1) **현황**: 한 건물주가 소유한 1층 상가들 중, 지하철역 출구 바로 앞 코너 상점과 그 옆 중간에 위치한 상점의 임대료 책정을 두고 고민하고 있다.

2) **현안 과제**: 중간 상점의 임차인이 코너 상점보다 유동인구가 적어 매출이 나오지 않는다며 임대료 인하를 요구한다. 건물주는 이를 객관적으로 판단할 근거가 없다.

3) **센서 네트워크 기반 분석**:

(1) **데이터 수집**: 각 상점 입구에 익명 영상 분석 센서를 설치하여, 단순히 앞을 지나가는 '총 유동인구'와 실제로 매장 안으로 들어오는 '실제 방문객 수(진입률)', 그리고 매장 내 평균 '체류 시간'을 측정한다.

(2) **분석 결과**: 코너 상점은 일평균 총 유동인구 5,000명에 진입률이 10%(500명)였으나, 중간 상점은 총 유동인구 4,500명에 진입률이 4%(180명)에 그쳤다. '실질 유효 트래픽'이 2.5배 이상 차이 나는 것이다.

(3) **가치 평가 적용**: 이 데이터를 바탕으로 '데이터 기반 차등 임대료' 시스템을 도입한다. 잠재 고객에게 노출되고 실제 방문으로 이어지는 확률이 훨씬 높은 코너 상점의 임대료는 시장 평균 대비 20% 높게, 중간 상점의 임대료는 10% 낮게 조정하여 임차인의 불만을 해소하고 합리적인 계약을 유지한다.

4) 결과

구분	코너 상점(A)	중간 상점(B)
전통적 평가	입지에 따른 통상적인 임대료 책정	입지에 따른 통상적인 임대료 책정
센서 데이터 분석 (1개월 평균)	- 총 유동인구: 5,000명 - 진입률: 10% - 실제 방문객: 500명	- 총 유동인구: 4,500명 - 진입률: 4% - 실제 방문객: 180명
실질 유효 트래픽 지수	100	36
가상 임대료 조정안	기준가 대비 +20%	기준가 대비 -10%

센서 네트워크는 그동안 부동산 가치 평가에서 간과되거나 주관적으로 판단할 수밖에 없었던 수많은 요소를 객관적이고 정량적인 데이터로 바꾸는 혁신을 가져왔다. 도시의 소음, 공기의 질, 사람과 차량의 흐름 등 실시간으로 수집된 이 살아있는 데이터는 부동산의 가치를 보다 정밀하고, 공정하며, 역동적으로 평가하는 새로운 기준을 제시한다. 이는 도시를 하나의 생명체로 이해하고 그 가치를 평가하는 방식으로, 미래 부동산 시장의 투명성과 합리성을 한 단계 끌어올리는 핵심 동력이 될 것이다.

4. 도시부동산에서 데이터 전처리 및 데이터 품질 관리와 가상사례

최고급 레시피와 최첨단 주방 기구(AI 알고리즘)가 있어도, 썩거나 다듬지 않은 식재료로는 결코 훌륭한 요리를 만들 수 없다. 도시부동산 가치를 분석하는 빅데이터와 AI의 세계도 이와 같다.

인공지능 모델의 성능과 신뢰도는 결국 학습에 사용되는 '데이터의 품질'에 의해 결정된다. 원석(Raw Data)을 보석으로 만드는 과정, 즉 데이터 전처리 및 품질 관리는 화려한 AI 기술의 이면에 있는 가장 중요하고 본질적인 단계이다. '쓰레기를 넣으면 쓰레기가 나온다(Garbage In, Garbage Out)'는 격언은 이 분야에서 가장 명심해야 할 제1원칙이다.

4.1. 원석을 보석으로: 데이터 전처리의 핵심 과정

현실 세계에서 수집된 원본 데이터는 불완전하고, 일관성이 없으며, 수많은 오류를 포함하고 있는 '더러운(dirty)' 상태인 경우가 대부분이다. 데이터 전처리는 이러한 원본 데이터를 AI 모델이 학습할 수 있는 깨끗하고 정제된 형태로 가공하는 모든 과정을 의미하며, 이는 데이터 품질 관리의 핵심적인 활동이다.

4.1.1. 데이터 전처리의 주요 과정

1) **데이터 정제(Data Cleaning)**: 데이터의 오류를 찾아내고 수정하는 과정이다.

(1) **결측치 처리**: 누락된 데이터(예: 건물의 준공 연도 정보가 없는 경우)를 처리한다. 해당 데이터를 삭제하거나, 주변 건물의 평균값 등 통계적 기법을 통해 가장 가능성 있는 값으로 채워 넣는 방법이 사용된다.

(2) **이상치 탐지**: 다른 데이터와 극단적으로 다른 값을 가진 '이상치'를 찾아낸다.(예: 아파트 매매가격이 실수로 '200억'으로 입력된 경우) 이러한 값은 모델 전체를 왜곡시키므로, 찾아내어 수정하거나 제거해야 한다.

2) **데이터 통합(Data Integration)**: 여러 출처의 데이터를 하나로 결합하는 과정이다. 이 과정에서는 데이터의 형식을 통일시키는 작업이 중요하다. 예를 들어, 한 데이터에는 '서울시 강남구', 다른 데이터에는 '서

울특별시 강남구'로 표기된 주소를 동일한 값으로 표준화하여 AI가 같은 지역으로 인식하게 만들어야 한다.

3) 데이터 변환(Data Transformation): 데이터를 AI 모델이 학습하기에 더 적합한 형태로 바꾸는 과정이다.

(1) **정규화/표준화**: 서로 다른 단위와 범위를 가진 변수들을 일정한 범위(예: 0과 1 사이)로 조정한다. 이는 값의 범위가 큰 변수(예: 수십억 단위의 매매가)가 다른 변수(예: 1~5 사이의 방 개수)에 비해 모델에 과도한 영향을 미치는 것을 방지한다.

(2) **데이터 축소**: 데이터의 양이 너무 방대할 경우, 차원 축소 등의 기법을 통해 분석에 중요한 특징은 유지하면서 데이터의 크기를 줄여 분석 효율성을 높인다.

이 모든 과정은 데이터의 정확성, 완전성, 일관성, 적시성을 보장하여 최종적으로 AI 모델의 예측 신뢰도를 확보하는 것을 목표로 한다.

데이터 전처리의 주요 과정

주요 과정	세부 내용	설명 및 예시
데이터 정제 (Data Cleaning)	결측치 처리	데이터의 오류를 찾아내고 수정하는 과정의 일부로, 누락된 데이터를 처리한다. (예: 준공 연도 정보가 없는 건물의 데이터를 삭제하거나, 주변 건물의 평균 준공 연도로 값을 채워 넣는다.)
	이상치 탐지	다른 데이터와 극단적으로 다른 값을 가진 이상치를 찾아내어 수정 또는 제거한다. (예: 매매가격이 '200억'으로 잘못 입력된 아파트 거래 데이터를 찾아내어 정상 값으로 수정한다.)

데이터 통합 (Data Integration)	-	여러 출처의 데이터를 하나로 결합하며 데이터 형식을 통일시킨다. (예: '서울시 강남구'와 '서울특별시 강남구'로 다르게 표기된 주소를 하나의 표준화된 값으로 통일한다.)
데이터 변환 (Data Transformation)	정규화/표준화	데이터를 AI 모델이 학습하기에 적합한 형태로 바꾸는 과정으로, 변수들의 단위를 일정한 범위로 조정한다. (예: 수십억 단위의 '매매가'와 1~5 단위의 '방 개수'를 모두 0과 1 사이의 값으로 변환하여 모델 학습 시 변수 간 영향력을 동등하게 만든다.)
	데이터 축소	분석에 중요한 특징은 유지하면서 데이터의 크기를 줄여 분석 효율성을 높인다. (예: 수백 개의 변수 중 상관관계가 높은 변수들을 대표 변수로 통합하여 차원을 축소한다.)

4.2. 가상 사례로 본 데이터 품질 관리의 중요성

◆ 가상 사례 1: '유령 인구'가 만든 잘못된 상권 분석

1) **현황**: 한 대형 유통사가 신규 지점 출점을 위해 AI 상권 분석 모델을 활용하여 서울에서 가장 유망한 지역을 찾고 있다.

2) **전처리 이전(오류 발생)**: 분석팀은 ① 행정안전부의 주민등록인구 데이터와 ② 통신사의 기지국 기반 유동인구 데이터를 그대로 모델에 입력했다. 분석 결과, 특정 지역 'A'가 상주인구와 유동인구가 모두 폭발적으로 많아 1순위 후보지로 선정되었다.

3) **문제점**: 데이터 정제 및 통합 과정에서, 통신사 데이터에 포함된 '지하철 통과 인구'와 '버스로 스쳐 지나가는 인구'를 걸러내지 못했다. 이들은 실제 그 지역에서 활동하거나 소비하지 않는 '유령 인구(Ghost Population)'였으나, 데이터상으로는 막대한 유동인구로 집계되어 모델의 판단을 심각하게 왜곡했다.

4) **전처리 이후(오류 수정):** 데이터 품질 관리 전문가는 두 데이터를 통합하기 전, 통신사 데이터에 필터링을 적용했다. 특정 지역에 10분 미만으로 매우 짧게 머물거나, 매우 빠른 속도로 이동하는 신호(지하철/버스 이용객)를 '유효하지 않은 트래픽'으로 규정하고 제거했다.

5) **결과:** 정제된 데이터를 다시 분석하니, 'A' 지역의 실질 유효 유동인구는 초기 분석의 40% 수준에 불과했으며, 오히려 2순위였던 'B' 지역의 유효 유동인구가 더 높은 것으로 나타났다. 회사는 수백억 원의 투자가 잘못된 곳에 집행될 뻔한 아찔한 실수를 피할 수 있었다.

구분	전처리 이전(Raw Data 활용)	전처리 이후(Clean Data 활용)
활용 데이터	주민등록인구 + 정제되지 않은 통신사 유동인구	주민등록인구 + 정제된 통신사 유동인구
A 지역에 대한 분석	상주인구와 유동인구가 모두 압도적으로 많음	상주인구 대비 실질적인 유효 유동인구는 비교적 적음
상권 가치 평가	100점 만점에 95점 (최우선 출점 후보지)	100점 만점에 60점(출점 재검토)
가상 의사 결정	'A' 지역에 대규모 투자 결정 (실패 가능성 높음)	'B' 지역을 포함한 후보지 전면 재검토

◆ 가상 사례 2: '이상치'가 왜곡한 아파트 시세 예측 모델

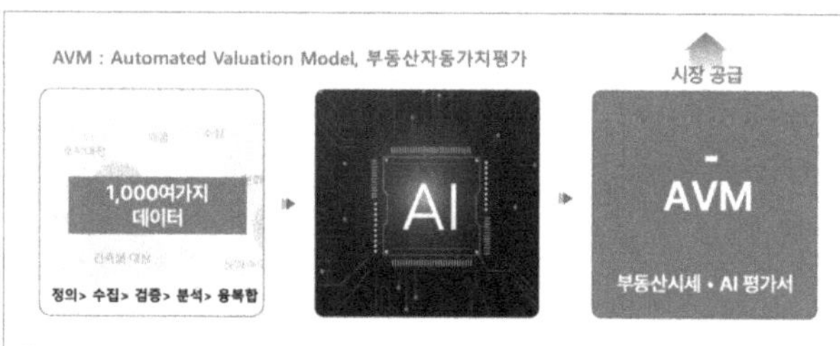

제주알마켓 https://jejurmarket.kr

1) **현황:** 한 금융사가 주택담보대출 심사를 위해 AI 기반의 자동 시세 평가 모델(AVM)을 개발하고 있다.

2) **전처리 이전(오류 발생):** 국토교통부의 아파트 실거래가 원본 데이터를 그대로 학습에 사용했다. 그런데 이 데이터에는 담당자의 입력 실수로 인해 5억짜리 아파트가 '500억'으로 잘못 기재된 극단적인 '이상치(Outlier)'가 몇 건 포함되어 있었다.

3) **문제점:** AI 모델은 이 말도 안 되는 이상치를 매우 중요한 정보로 오인하고 학습했다. 그 결과, '강남구의 특정 아파트는 500억 원일 수도 있다'는 잘못된 패턴을 학습하여, 전반적으로 강남 지역의 정상적인 아파트 시세를 실제보다 10~15%가량 고 평가하는 심각한 왜곡을 보였다. 이는 은행의 담보 리스크를 급격히 증가시키는 결과를 초래한다.

4) **전처리 이후(오류 수정):** 데이터팀이 통계적 기법(사분위수 활용 등)을 통해 이상치 탐지 프로세스를 적용했다. 정상 범위를 현저하게 벗어나는 거래들을 자동으로 식별하고, 해당 거래들을 수동으로 검토하여 명백한 오류(500억 → 5억)를 바로잡았다.

5) **결과:** 이상치가 제거된 깨끗한 데이터로 모델을 재 학습시키자, 모델의 평균 예측 오차율은 15%에서 4% 미만으로 크게 감소했다. 은행은 비로소 신뢰할 수 있는 자동 시세 평가 모델을 확보하게 되었다.

구분	전처리 이전 모델(이상치 포함)	전처리 이후 모델(이상치 제거)
학습 데이터 품질	입력 오류로 인한 극단적 이상치 존재	통계적 기법으로 이상치 탐지 및 수정 완료
AI 모델의 학습 패턴	'강남구 아파트는 비정상적으로 비쌀 수 있다'고 왜곡 학습함	지역별 시세의 정상적인 분포를 정확하게 학습함
예측 정확도 (평균 오차율)	15%(신뢰성 낮음)	4% 미만(신뢰성 높음)

비즈니스 리스크	과대평가로 인한 담보대출 리스크 급증	정확한 평가로 인한 리스크 관리 가능

데이터 전처리 및 품질 관리는 AI 기반 부동산 가치 평가의 성패를 좌우하는 가장 근본적인 활동이다. 아무리 정교한 AI 알고리즘이라도, 잘 정제되고 관리된 고품질의 데이터가 없다면 사상누각에 불과하다.

이는 단순히 기술적인 작업을 넘어, AI가 현실 세계를 편견이나 왜곡 없이 바라보게 만드는 과정이며, 최종적으로 우리가 AI의 분석 결과를 '신뢰'할 수 있게 만드는 기반을 다지는 일이다. 결국, 미래의 부동산 전문가는 데이터의 본질을 꿰뚫어 보고 그 품질을 책임질 수 있는 '데이터의 장인'이 되어야 할 것이다.

5. 도시부동산에서 공공데이터와 민간데이터의 융합 방법과 가상사례

도시부동산의 가치를 제대로 이해하는 것은 마치 한 편의 웅장한 교향곡을 감상하는 것과 같다. 공공데이터가 묵묵히 전체의 구조와 박자를 잡아주는 저음의 콘트라베이스나 타악기라면, 민간데이터는 그 위에서 화려하고 섬세한 선율을 연주하는 바이올린이나 플루트와 같다.

어느 한쪽만으로는 온전한 감동을 주기 어렵다. 이 둘이 절묘하게 어우러질 때, 즉 데이터가 '융합'될 때 비로소 우리는 도시의 숨겨진 맥락과 역동적인 스토리를 읽어낼 수 있다. 데이터 융합은 부분의 합을 넘어 새로운 통찰을 창조하는 연금술과도 같은 과정이다.

5.1. 1 더하기 1을 3으로 만드는 데이터 융합의 기술

데이터 융합은 서로 다른 출처와 형태를 가진 데이터를 결합하여 단일 데이터만으로는 얻을 수 없었던 고차원적인 정보를 생성하는 분석 기법이다. 공공데이터가 도시의 '뼈대'(인구, 토지용도, 인프라 등)를 보여준다면, 민간데이터는 그 안에서 흐르는 '혈액'(사람들의 이동, 소비, 관심사 등)을 보여준다. 이 둘의 융합은 도시의 해부학적 구조와 생리학적 활동을 동시에 이해하게 만들어 준다.

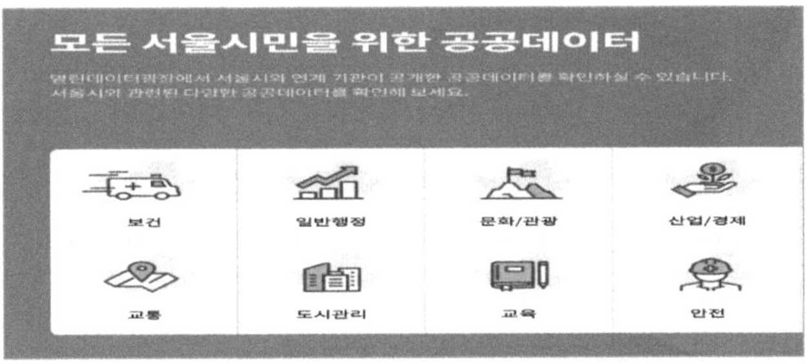

누구나 편하게 보는 '공공데이터' 여기서 찾으세요 | 서울시
https://mediahub.seoul.go.kr

5.1.1. 공공데이터와 민간데이터의 '융합 방법'

주요 융합 방법은 다음과 같다.

(1) **공간적 결합**(Spatial Join): 가장 직관적이고 강력한 융합 방법이다. 모든 데이터가 가진 공통의 '공간'(위도, 경도)을 연결고리로 삼아 데이터를 결합한다. 공간정보시스템(GIS)을 활용하여, 공공데이터인 지하철역 위치 레이어 위에 민간데이터인 특정 시간대 카드 매출 데이터 레이어를 겹쳐보는 방식이다. 이를 통해 '지하철역 반경 500m 이내 심야 시간대 주류 매출 현황'과 같은 복합적인 정보를 시각적으로 분석할 수 있다.

(2) **속성 기반 결합(Attribute-based Join)**: 공간 정보 외에 '시간'이나 '개인 식별자(익명화된)' 등 공통된 속성을 기준으로 데이터를 결합한다. 예를 들어, 특정 지역의 공공데이터인 '미세먼지 농도 변화'와 민간데이터인 '공기청정기 온라인 쇼핑 검색량'을 시간대별로 결합하면, 환경 변화가 사람들의 소비 욕구에 미치는 영향을 분석할 수 있다.

(3) **통계적 융합(Statistical Fusion)**: 직접적인 연결고리가 없는 경우, 통계적 모델을 통해 두 데이터를 간접적으로 결합한다. 예를 들어, 소득 수준에 대한 공공 설문조사 데이터와 특정 상품 구매에 대한 민간 시장조사 데이터가 있을 때, '특정 연령과 직업을 가진 사람'이라는 공통적인 인구통계학적 특성을 기반으로 "이러한 소득 수준을 가진 사람들은 저러한 상품을 구매할 확률이 높다"는 식의 새로운 합성 데이터를 생성해내는 고급 기법이다.

5.2. 가상 사례로 본 데이터 융합의 시너지

◆ 가상 사례 1: "야간 경제(Night-time Economy)" 잠재력 분석

1) **현황**: 한 지자체에서 침체된 지역 상권을 살리기 위해 '야간 경제 활성화' 프로젝트를 추진하고자 한다. 하지만 어느 지역에 잠재력이 있는지 객관적인 판단이 어렵다.

2) **공공데이터만 활용한 분석**: 행정안전부의 유흥주점 인허가 현황과 국토교통부의 대중교통 노선 데이터를 분석했다. 그 결과, 유흥주점이 많이 밀집해 있고 교통이 편리한 전통적인 도심 'A' 지역을 최적 후보지로 선정했다.

3) 공공-민간 데이터 융합 분석:

- 융합 방식: 공간적 결합(Spatial Join)을 사용한다.

- 공공데이터: 기존의 유흥주점 인허가, 대중교통 노선 데이터.
- 민간데이터: ① 오후 9시~새벽 2시 사이의 신용카드 결제 데이터 ② 동일 시간대 택시 호출 및 도착 데이터 ③ SNS에 '#불금', '#회식' 등의 키워드와 함께 올라온 지오태깅(Geotagging) 포스팅 데이터
- 분석 결과: 데이터 융합 결과, 공식적인 유흥주점 수는 적지만 특정 주택가 인근의 'B' 지역에서 심야 시간대 카드 결제액과 택시 이용 건수가 폭발적으로 증가하는 '숨겨진 핫스팟'이 발견되었다. 이는 공식 집계에 잡히지 않는 새로운 형태의 야간 상권이 자생적으로 형성되고 있음을 의미한다. 지자체는 'B' 지역에 조명, 안전시설 등 인프라를 우선 지원하여 유기적인 성장을 돕는 것으로 정책 방향을 수정한다.

4) 정책방향 제안0

구분	공공데이터 단독 분석	공공-민간 데이터 융합 분석
분석의 초점	공식적인 인프라와 허가 현황	사람들의 실제 심야 활동 패턴
분석 결과 해석	허가 업소가 많은 'A' 지역이 야간 경제의 중심지라고 판단한다.	공식 통계에 잡히지 않는 'B' 지역이 신흥 야간 경제 중심지로 부상하고 있음을 발견한다.
가상 정책 결정	'A' 지역에 예산 집중 투입	'B' 지역의 자생적 성장을 돕는 방향으로 정책 우선순위 조정
기대 효과	기존 상권의 현상 유지	새로운 성장 동력 발굴 및 지역 경제 활성화 극대화

◆ 가상 사례 2: 미래 세대를 위한 신도시 교육 환경 최적화

1) 현황: 한 건설사가 젊은 부부들을 유치하기 위해 새로운 신도시의 교육 환경을 특화하여 설계하고자 한다.

고덕신도시 '에듀타운' 교육특화구역 중심 https://www.e2news.com

2) **공공데이터만 활용한 계획:** 교육부의 학교 설립 기준과 통계청의 학령인구 예측 데이터를 기반으로, 법적 기준에 맞춰 초등학교 3개, 중학교 2개를 짓는 표준적인 계획을 수립했다.

3) **공공-민간 데이터 융합 분석:**

(1) **융합 방식:** 통계적 융합(Statistical Fusion) 및 속성 기반 결합을 사용한다.

(2) **공공데이터:** 기존의 학교 설립 기준, 학령인구 통계 데이터.

(3) **민간데이터:** 1) 부동산 포털의 '초품아(초등학교를 품은 아파트)', '혁신학교' 등 연관 검색어 데이터 2) 맘카페(육아 커뮤니티)의 텍스트를 분석하여 얻은 사교육 선호도(코딩, 영어뮤지컬 등) 데이터 3) 온라인 교육 플랫폼의 지역별 인기 강좌 데이터

(4) **분석 결과:** 데이터 융합 결과, 잠재적 입주민들은 단순히 학교의 '수'나 '거리'뿐만 아니라, '코딩 및 AI 영재교육', '체험형 과학 프로그램'에 대한 수요가 폭발적으로 높다는 사실을 발견했다. 이는 공공데이터만으로는 절대 알 수 없는 '교육 콘텐츠'에 대한 질적 요구이다. 건설사는 학교 수를 법적 기준에 맞추되, 별도의 '에듀-테크 센터'를 신도시 중심에 건립하여 코딩, 로봇, 미디어 교육을 제공

하는 것으로 계획을 전면 수정하고, 이를 핵심 분양 전략으로 내세운다.

4) 분양전략 제안

구분	공공데이터 기반 표준 계획	데이터 융합 기반 특화 계획
계획의 근거	법적 기준 및 정량적 인구 예측	잠재 수요자의 질적 요구 및 미래 교육 트렌드
주요 시설 계획	표준 초등학교, 중학교	표준 학교 + '에듀-테크 센터'(코딩, 과학 특화)
프로젝트 차별성	다른 신도시와 차별성 없음	'미래 교육 특화 도시'라는 강력한 차별성 확보
가상 분양 경쟁률	5:1	25:1

공공데이터와 민간데이터의 융합은 도시부동산의 가치를 평가하고 미래를 계획하는 패러다임을 근본적으로 바꾸고 있다. 뼈대를 제공하는 공공데이터 위에 사람들의 실제 삶의 궤적인 민간데이터를 겹칠 때, 우리는 비로소 도시의 과거와 현재를 입체적으로 이해하고 미래를 더 정교하게 예측할 수 있다. 데이터 융합은 더 이상 선택이 아닌 필수적인 역량이며, 이를 통해 우리는 보이지 않던 도시의 기회를 발견하고 숨어있던 위험을 관리하며, 궁극적으로 더 나은 도시를 만들어 나가는 강력한 통찰을 얻게 될 것이다.

제3장

인구 이동 빅데이터 분석과 빅데이터 기반 주거 수요 예측

1. 휴대폰 기지국 데이터로 추적하는 인구 유동성 패턴분석과 가상사례

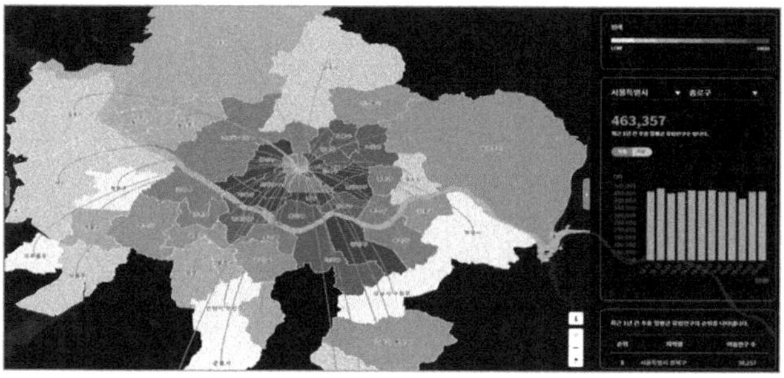

[빅데이터로 보는 세상] 유동인구 분석 https://news.sktelecom.com/

만약 도시를 하나의 거대한 유기체라고 한다면, 그 안을 흐르는 사람들의 움직임은 도시의 생명을 유지하는 혈액과 같다. 과거 우리는 인구조사나 특정 지점의 교통량 측정 등, 마치 손목에서 맥박을 재는 것처럼 도시의 흐름을 제한적으로만 파악할 수 있었다.

그러나 이제 우리는 휴대폰 기지국 데이터라는 강력한 현미경을 통해, 도시 전체에 퍼져 있는 혈관 속 혈액의 흐름을 24시간 들여다볼 수 있게 되었다. 이는 도시의 실제 활력을 측정하고 미래 가치를 예측하는 방식의 근본적인 혁명을 가져오고 있다.

1.1. 도시의 활력을 읽는 새로운 언어, 기지국 데이터

휴대폰 기지국 데이터는 통신사의 기지국과 사용자의 휴대폰이 주기적으로 주고받는 신호 정보를 기반으로 생성된다. 이 과정에서 개인정보는 철저히 익명화되고, 특정 지역(기지국의 셀 단위, 보통 50m~100m 격자)에 얼마나 많은 사람이 있는지가 집계된다. 이는 특정 개인을 추적하는 것이 아니라, 특정 지역의 '군중'의 규모와 이동 패턴을 분석하는 것이다.

1.1.1. 원본 데이터를 가공하여 도시부동산 분석에 핵심적인 인사이트를 얻을 수 있는 데이터 유형

이 원본 데이터를 가공하여 도시부동산 분석에 다음과 같은 핵심적인 인사이트를 얻을 수 있다.

(1) **생활인구(Living Population) 분석**: 특정 시점에 한 지역에 존재하는 모든 인구를 의미한다. 이는 해당 지역에 주민등록을 둔 '상주인구' 뿐만 아니라, 업무나 관광 등을 위해 일시적으로 머무는 '활동인구' 까지 포함하는 개념이다. 건물의 가치는 결국 그 공간을 이용하는 사람의 수에 비례하므로, 생활인구는 부동산의 실질적인 배후 수요를 측정하는 가장 정확한 지표가 된다.

(2) **기종점(Origin-Destination) 분석**: 사람들이 어디에서 와서 어디로 이동하는지를 분석한다. 이를 통해 특정 상권의 고객들이 주로 어느 지역에서 유입되는지, 특정 업무지구의 직장인들이 주로 어느 곳

에 거주하는지를 파악하여 교통망 설계나 상권의 마케팅 전략 수립에 활용할 수 있다.

(3) **체류 시간(Dwell Time) 분석:** 사람들이 한 지역에 얼마나 오래 머무르는지를 분석한다. 체류 시간이 길다는 것은 그 지역에 소비나 여가를 즐길 만한 콘텐츠가 많다는 것을 의미하며, 상업용 부동산의 가치를 높이는 핵심 요인이 된다. 반면 체류 시간이 짧다면, 그 지역은 단순히 스쳐 지나가는 교통의 길목일 가능성이 높다.

1.2. 가상 사례로 본 유동인구 패턴 분석의 힘

◆ 가상 사례 1: '유령 상권'과 '진짜 상권'의 발견

1) **현황:** 한 대형 베이커리 체인점이 신규 지점 입지를 두 곳(A, B) 중 하나로 고민하고 있다. 주민등록인구상으로는 두 지역의 배후 수요가 비슷해 보인다.

2) **기지국 데이터 기반 분석:**

- A 지역(도심 업무지구 인근): 평일 오전 9시부터 오후 6시까지 생활인구가 폭발적으로 증가한다. 그러나 기종점 분석 결과 대부분 외부 지역에서 출근하는 직장인이었고, 평균 체류 시간도 15분 내외로 짧았다. 주말 생활인구는 거의 0에 가까웠다.
- B 지역(신축 아파트 단지 인근): 평일 주간 생활인구는 A 지역보다 적지만, 저녁 시간대와 주말에 생활인구가 크게 증가했다. 평균 체류 시간은 1시간 이상으로 길었고, 기종점 분석 결과 인근 아파트 단지 주민들의 유입이 대부분이었다.

3) **분석 결론:** A 지역은 주간 인구만 많은 '유령 상권'으로, 퇴근 후와 주말에는 텅 비어버려 안정적인 매출 확보가 어렵다고 판단된다. 반면

B 지역은 충성도 높은 지역 주민을 기반으로 꾸준한 매출을 기대할 수 있는 '진짜 상권'으로 분석된다. 회사는 이 데이터를 근거로 B 지역에 입점을 최종 결정한다.

구분	A 지역(도심 업무지구 인근)	B 지역(신축 아파트 단지 인근)
생활인구 패턴	주중 주간에만 인구 밀집, 주말은 공동화	주중 저녁 및 주말에 인구 밀집
평균 체류 시간	15분 미만(짧음)	1시간 이상(김)
주요 유입 인구	외부 지역 출근 직장인	인근 아파트 단지 거주민
상권 유형 판단	유령 상권	진짜 상권
가상 입점 결정	입점 포기	입점 확정

◆ 가상 사례 2: 데이터 기반의 심야 버스 노선 최적화

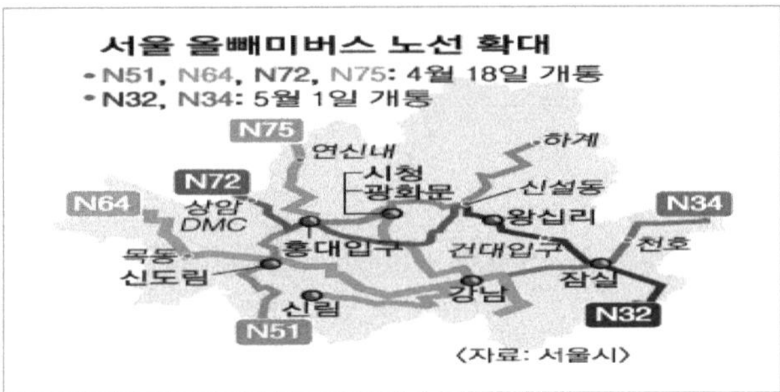

서울 심야 올빼미버스 노선 9→14개로 늘린다 https://news.nate.com

1) 현황: 한 지자체에서 시민들의 편의를 위해 심야 버스 노선을 신설하고자 한다. 과거에는 민원에 의존했지만, 이번에는 기지국 데이터를 활용하기로 했다.

2) 현안과제: 한정된 예산으로 가장 효율적인 심야 버스 노선을 어떻게 설계할 것인가?

3) 기지국 데이터 기반 분석:

(1) **데이터 활용:** 주말 밤 11시부터 새벽 4시 사이의 기종점(OD) 데이터를 집중 분석한다.

(2) **분석 과정:** 사람들이 심야에 주로 어디에서 출발하여(Origin) 어디로 도착하는지(Destination)를 지도 위에 시각화한다. 이를 통해 기존 대중교통망이 감당하지 못하는 잠재적 수요, 즉 '욕구 노선(Desire Line)'을 찾아낸다.

(3) **분석 결과:** 기종점 분석 결과, 대학가(A)에서 대규모 주거단지(D)로, 그리고 번화가(B)에서 동일한 주거단지(D)로 이동하는 거대한 인구 흐름이 포착되었다. 기존 노선안이 A-B-C-D 순으로 모든 지점을 거치는 비효율적인 노선이었다면, 데이터는 A와 B에서 출발하여 D로 직행하는 급행 노선의 필요성을 명확히 보여주었다.

4) **정책 결정:** 지자체는 이 데이터를 근거로 A와 B를 경유하여 D로 가는 신규 심야 급행 버스 노선을 신설하였고, 이는 높은 탑승률과 시민 만족도로 이어졌다.

구분	전통적 노선 계획(민원 기반)	데이터 기반 노선 계획(기종점 분석)
계획의 근거	일부 주민의 민원 및 직관	심야 시간대 전 지역의 실제 이동 패턴 데이터
주요 노선 경로	A-B-C-D (모든 주요 지점 경유)	(A, B) → D (핵심 기종점을 잇는 급행 노선)
예상 효율성	낮음 (긴 배차 간격, 긴 이동 시간)	높음 (짧은 이동 시간, 수요 집중 구간 운행)
가상 시민 만족도	4.5점/ 10점	8.5점/ 10점

휴대폰 기지국 데이터는 우리에게 도시를 바라보는 새로운 눈을 선사했다. 주민등록 서류에 박제된 인구가 아닌, 지금 이 순간 도시 공간을 채우고 움직이는 '살아있는 인구'를 볼 수 있게 된 것이다. 어디에 사람이 모이고, 얼마나 머무르며, 어디로 흘러가는지를 아는 것은 상업시설의 입지 선정에서부터 도시계획, 교통 정책 수립에 이르기까지 모든 의사결정의 질을 획기적으로 높인다. 결국, 사람의 흐름을 정확하게 읽어내는 능력이야 말로 미래 도시부동산의 숨겨진 가치를 발견하고 창출하는 가장 핵심적인 경쟁력이 될 것이다.

2. 소셜미디어 데이터를 통한 지역과 도시부동산 선호도 분석 기법과 가상사례

도시의 가치는 단지 물리적인 건물이나 인프라의 합으로만 이루어지지 않는다. 그 공간에 대한 사람들의 인식, 감정, 이야기, 그리고 열망이 모여 도시의 '분위기'와 '정체성'을 형성하고, 이는 곧 부동산의 보이지 않는 가치가 된다.

소셜미디어 데이터는 바로 이 도시의 집단적인 감정과 욕망을 엿볼 수 있는 가장 생생한 창이다. 사람들이 남기는 디지털 발자국, 즉 그들의 생각과 감정을 분석하는 것은, 마치 도시의 영혼을 들여다보며 미래의 가치를 예측하는 것과 같다.

2.1. 도시의 평판과 매력을 측정하는 새로운 기술

소셜미디어 데이터 분석은 인스타그램, 블로그, 온라인 커뮤니티 등에서 생성되는 방대한 텍스트와 이미지, 그리고 위치 정보를 분석하여 특정 지역이나 부동산에 대한 사람들의 인식을 정량 화하는 기술이다. 이는 익명 화되고 집계된 데이터를 기반으로 하며, 다음과 같은 핵심 분석 기법을 통해 이루어진다.

2.1.1. 소셜미디어 데이터 분석기법

(1) **텍스트 마이닝과 토픽 모델링**(Text Mining & Topic Modeling): 특정 지역(예: 성수동)과 함께 언급된 수만 개의 텍스트 데이터를 분석하여 핵심 주제어(토픽)를 추출한다. 이를 통해 AI는 '성수동'이 주로 '팝업스토어', '수제화', '갤러리', '카페투어' 등의 주제와 함께 이야기된다는 것을 발견한다. 이는 사람들이 해당 지역을 어떻게 인식하고 소비하는지를 객관적으로 보여준다.

(2) **감성 분석**(Sentiment Analysis): 텍스트에 담긴 긍정, 부정, 중립의 감성 톤을 분석한다. 예를 들어, 신축 아파트 단지에 대한 리뷰가 '조망이 훌륭하다', '커뮤니티 시설이 잘 되어 있다' 등 긍정적인 표현이 많은지, 아니면 '마감재가 부실하다', '관리비가 비싸다' 등 부정적인 표현이 많은지를 수치화하여 '평판 지수'를 생성할 수 있다.

(3) **지오태깅**(Geotagging) **분석**: 사용자들이 사진을 찍어 게시물을 올릴 때 남기는 위치 정보를 지도 위에 시각화한다. 이를 통해 특정 지역 내에서도 사람들이 주로 어디에서 '인증샷'을 남기는지, 즉 시각적 매력을 느끼는 '핫스팟'이 어디인지를 정밀하게 파악할 수 있다. 이는 상권의 핵심 구역이나 잠재적 명소를 발굴하는 데 매우 유용하다.

■ 소셜미디어 데이터 분석 기법의 비교

분석 기법	텍스트 마이닝 및 토픽 모델링
목표	대량의 비정형 텍스트 데이터에서 핵심 주제어와 숨겨진 패턴을 객관적으로 추출하는 것을 목표로 한다.
작동원리 및 기술	자연어 처리(NLP) 기술을 기반으로 텍스트의 단어 빈도, 동시 출현 빈도 등을 통계적으로 분석하여 주요 토픽을 자동으로 그룹화한다. (예: LDA 알고리즘)
역할	특정 지역이나 부동산이 대중에게 "어떤 이미지와 콘텐츠로 인식되는지(정체성)"를 정의하는 역할을 수행한다.
장단점	장점: 사람의 주관을 배제하고 데이터 기반으로 핵심 주제를 발견할 수 있다. 단점: 신조어나 문맥에 따른 미묘한 의미 차이를 놓칠 수 있으며, 마케팅에 의해 인위적으로 생성된 담론에 영향을 받을 수 있다.
도시부동산 활용예시	'성수동' 관련 텍스트 분석 시, '팝업스토어', '카페투어' 등 핵심 토픽을 추출하여 지역의 상업적 특성을 파악한다.

분석 기법	감성 분석
목표	텍스트에 내포된 사람들의 긍정, 부정, 중립 등 주관적 감성과 여론의 방향성을 정량적 수치로 파악하는 것을 목표로 한다.
작동원리 및 기술	기계학습 모델이 단어나 문장의 감성 점수가 담긴 '감성 사전'을 기반으로 텍스트의 전체적인 긍·부정 톤을 수치화하여 분류한다.
역할	특정 부동산이나 지역에 대한 대중의 평판과 만족도를 측정하는 '평판 지수'를 생성하는 역할을 수행한다.
장단점	장점: 긍·부정 여론을 신속하게 파악하여 실시간 위기관리나 평판 추적에 용이하다. 단점: 반어법, 풍자 등 복합적인 표현의 감성을 잘못 해석할 가능성이 있다.
도시부동산 활용예시	신축 아파트 입주민 리뷰를 분석하여 '조망', '소음' 등 세부 항목별 긍·부정 점수를 산출하고, 이를 통해 단지의 장단점을 파악한다.

분석 기법	지오태깅 분석
목표	SNS 게시물에 포함된 위치 정보(Geotag)를 지도 위에 시각화하여, 사람들의 실제 활동이 집중되는 물리적 '핫스팟'을 찾아내는 것을 목표로 한다.
작동원리 및 기술	사용자가 직접 태그한 위치 좌표 데이터를 수집하여 GIS(공간정보시스템) 상에 중첩시키고, 밀도 분석을 통해 군집 지역을 도출한다.
역할	지역의 거시적 이미지뿐만 아니라, 그 안에서 "사람들의 이목을 끄는 미시적 공간(앵커 스토어, 포토존 등)"을 특정하는 역할을 수행한다.
장단점	장점: 사람의 주관을 배제하고 데이터 기반으로 핵심 주제를 발견할 수 있다. 단점: 신조어나 문맥에 따른 미묘한 의미 차이를 놓칠 수 있으며, 마케팅에 의해 인위적으로 생성된 담론에 영향을 받을 수 있다.
도시부동산 활용예시	특정 상권 내에서 '인증샷' 게시물이 집중된 위치를 찾아내어, 해당 상권의 핵심 동선과 활성화 구역을 정밀하게 분석한다.

2.2. 가상 사례로 본 소셜미디어 데이터 분석의 실제

◆ 가상 사례 1: 차세대 '힙플레이스'의 부상 예측

1) **현황:** 한 투자사가 아직 대중에게 잘 알려지지 않은 저평가된 지역에 선제적으로 투자하여 높은 수익을 얻고자 한다. 과거의 데이터를 기반으로는 유망 지역을 찾기 어려운 상황이다.

2) **분석 대상:** 비슷한 물리적 조건을 가진 오래된 주택가 'A 지역'과 'B 지역'.

3) **소셜미디어 데이터 분석:**

(1) **토픽 모델링:** 'A 지역' 관련 게시물에서는 '오래된 맛집', '조용한 동네' 등 전통적인 키워드가 주로 나타났다. 반면, 'B 지역'에서는 최근 6개월간 '#공방', '#독립서점', '#LP바' 등 이전에는 없던 새로운

키워드의 비중이 급격히 증가하는 패턴이 발견되었다.

(2) **감성 분석**: 'B 지역' 관련 게시물은 '새로운 발견', '나만 알고 싶은', '감성 가득한' 등 매우 높은 긍정 감성 점수를 기록했다.

(3) **지오태깅 분석**: 'B 지역'의 특정 골목길 주변으로 지오태깅된 게시물이 집중되는 현상이 나타나, 새로운 문화적 구심점이 형성되고 있음을 시각적으로 확인했다.

4) **투자 결정**: 이 분석을 통해 투자사는 'B 지역'이 소수의 트렌드세터들에 의해 새로운 문화 중심지, 즉 '힙플레이스'로 진화하는 초기 단계에 있음을 확신한다. 대중적인 인기가 높아져 부동산 가격이 급등하기 전에 해당 지역의 상업용 부동산을 저렴하게 매입하는 데 성공한다.

구분	A 지역	B 지역
토픽 모델링 결과	'오래된 맛집', '조용한 동네' 등 현상 유지적 토픽	'#공방', '#독립서점' 등 새로운 문화적 토픽 급증
감성 분석 점수	+0.2(중립적)	+0.8(매우 긍정적)
지역 특성 해석	변화가 적은 안정된 주거 지역	새로운 문화가 자생하는 성장 잠재 지역
가상 투자 전략	투자 보류	가격 상승 전 선제적 투자 집행

◆ 가상 사례 2: 아파트 브랜드 평판의 실시간 추적 및 위기관리

1) **현황**: 한 대형 건설사가 야심 차게 분양한 신축 아파트 '센트럴팰리스'의 입주가 시작되었다. 건설사는 입주민들의 초기 반응과 브랜드 평판을 실시간으로 관리하고자 한다.

2) **분석 시스템 구축**: 부동산 온라인 커뮤니티, 지역 맘카페, 블로그 등에서 '센트럴팰리스' 키워드가 언급된 모든 게시물을 실시간으로 수집하여 감성 분석을 수행하는 대시보드를 구축한다.

주안 센트럴팰리스, GTX-B 개통예정 https://www.hankyung.com

3) 위기 신호 감지: 입주 2주차까지 긍정적인 평판 점수(+0.6)를 유지하던 대시보드에서, 3주차에 갑자기 부정적 언급이 급증하며 점수가 -0.4로 곤두박질치는 '이상 신호'가 감지된다.

4) 원인 분석: 텍스트 마이닝을 통해 부정적 게시물의 핵심 키워드를 분석한 결과, '층간소음', '주차공간 부족', '하자보수 지연'이라는 세 가지 문제가 집중적으로 제기되고 있음을 즉시 파악한다.

5) 선제적 대응: 건설사는 이 데이터를 근거로 문제가 걷잡을 수 없이 확산되기 전에, 공식 사과문을 발표하고 '층간소음 저감 대책팀 구성', '외부 임시주차장 확보', '하자보수 전담인력 증원' 등 구체적인 해결책을 신속하게 제시한다. 이를 통해 초기 부정 여론을 잠재우고 브랜드 가치 하락을 최소화하는 데 성공한다.

시점	평판 점수 (감성 분석)	주요 토픽 (텍스트 마이닝)	상황 해석	가상 대응 전략
입주 1-2주차	+0.6	'새집', '조망', '커뮤니티'	긍정적 기대감 형성	입주 환영 이벤트 진행
입주 3주차	-0.4(급락)	'층간소음', '주차난', '하자'	초기 입주민 불만 폭증, 위기 발생	즉각적인 원인 분석 및 해결책 발표
입주 4주차	+0.1 (회복세)	'신속한 대응', '개선 노력'	부정 여론 진정, 신뢰 회복 시작	개선 약속 이행 및 지속적인 소통

소셜미디어 데이터는 도시와 부동산에 대한 사람들의 날것 그대로의 목소리를 담고 있는 거대한 소통의 광장이다. 과거에는 설문조사나 인터뷰를 통해서만 제한적으로 얻을 수 있었던 '정성적' 정보를 이제는 방대하고 객관적인 '정량적' 데이터로 분석할 수 있게 된 것이다.

지역의 숨겨진 매력을 발굴하고, 브랜드의 평판을 관리하며, 사람들의 진정한 욕구를 파악하는 이 모든 과정은 결국 더 나은 도시 공간을 만들고 부동산의 지속가능한 가치를 창출하는 길로 이어진다. 도시의 목소리에 귀 기울이는 능력이야 말로 미래의 가치를 여는 열쇠이다.

3. 생애주기별 주거 이동 예측 모델의 구축 및 활용과 가상 사례

미래의 주택 수요를 예측하는 것은 마치 도시의 미래 인구 지도를 그리는 것과 같다. 사람들은 생애주기에 따라 일정한 패턴으로 주거 공간에 대한 필요와 욕구가 변하며, 빅데이터와 AI는 이러한 변화의 '규칙'을 학습하여 미래의 주택 수요를 놀라울 정도로 정확하게 예측할 수 있다.

LH "공공임대주택, 생애주기별로 21가지 중 선택하세요"
https://news.nate.com

3.1. 생애주기 모델의 핵심 원리

생애주기별 주거 이동 예측 모델은 한 개인이나 가구가 연령, 결혼, 출산, 자녀의 성장, 은퇴 등 생애의 주요 단계를 거치면서 주거 형태와 입지를 어떻게 바꾸어 나가는지에 대한 패턴을 분석하는 AI 모델입니다.

3.1.1. 생애주기(Life Cycle Stage) 별로 뚜렷하게 나타나는 주거 선호 특성

이 모델은 각 생애주기(Life Cycle Stage) 별로 뚜렷하게 나타나는 주거 선호 특성을 핵심 변수로 활용합니다.

(1) **1인 가구 및 사회초년생**(20~30대 초반): 직장이나 여가 공간과의 접근성을 최우선으로 고려합니다. 비교적 작은 평수의 오피스텔이나 원룸을 선호하며, 대중교통 편의성이 중요한 가치 기준이 됩니다.

(2) **신혼부부 및 영유아 자녀 가구**(30~40대): 더 넓은 공간을 필요로 하며, 주거 환경의 쾌적성과 안전이 중요한 요소로 부상합니다. 어린이집, 유치원, 공원 등의 인프라가 주거지 선택에 큰 영향을 미칩니다.

(3) **학령기 자녀 가구**(40~50대): 자녀의 교육이 주거 선택의 가장 결정적인 요인이 되는 시기입니다. 우수한 학군과 학원가로의 접근성이 부동산 가치를 좌우하는 지배적인 변수가 됩니다.

(4) **자녀 독립 후 및 은퇴기**(50대 이상): 자녀를 떠나보낸 후 큰 집의 필요성이 줄어드는 '다운사이징' 경향을 보입니다. 학군보다는 의료시설, 문화시설, 자연환경과의 접근성을 더 중요하게 생각하며, 삶의 질을 높일 수 있는 커뮤니티 활동을 선호합니다.

AI 모델은 결혼, 첫 자녀 출생, 자녀의 초등학교 입학과 같은 "핵심적인 '촉발 사건(Trigger Event)'"이 발생했을 때, 다음 생애주기로의 이동 확률이 급격히 높아진다는 점을 학습합니다. 이를 통해 미래 특정 시점에 어떤 유형의 주택이, 어느 지역에서, 얼마나 필요할지를 예측하는 것입니다.

3.2. 가상 사례로 본 예측 모델의 활용

◆ 가상 사례 1: 신도시 개발의 '교육 특화' 전략 수립

1) **현황:** 한 건설사가 수도권에 대규모 신도시를 개발하며 주택 공급 계획을 수립해야 하는 상황이라고 가정합니다.

2) **생애주기 AI 모델 분석:** AI 모델이 수도권의 인구 데이터를 분석한 결과, 현재 '신혼부부 및 영유아 자녀 가구' 단계에 있는 거대한 인구 집단이 향후 5~7년 내에 자녀가 초등학교에 입학하는 '학령기 자녀 가구' 단계로 대거 진입할 것을 예측합니다. 이는 곧 우수한 교육 환경과 중대형 평수 아파트에 대한 수요가 폭발적으로 증가할 것임을 의미합니다.

3) **데이터 기반 전략 수립:** 이 예측을 바탕으로 건설사는 단순한 신도시가 아닌, '교육 특화 도시'로 개발 컨셉을 명확히 설정합니다. 30~40평대 아파트의 공급 비율을 전체의 60% 이상으로 책정하고, 신도시 중심부에 학교 뿐만 아니라 강남 대치동을 모델로 한 대규모 학원가와 과학·예술 영재센터를 유치하는 계획을 수립합니다. 이는 잠재 수요자들이 가장 원하는 핵심 가치를 정확히 공략하는 전략입니다.

구분	표준 개발 계획 (과거 데이터 기반)	생애주기 기반 특화 계획 (AI 예측 기반)
분석의 근거	현재의 평균적인 주택 수요 통계	5~7년 후 미래의 생애주기 전환 수요 예측
주택 공급 계획	다양한 평수 균등 배분 (20~40평대)	30~40평대 가족형 아파트 집중 공급(60% 이상)
핵심 편의시설	공원, 쇼핑센터 등 일반적 시설	대규모 학원가, 과학영재센터 등 교육 특화 시설
가상 분양 성공률	75%	98%(조기 완판)

◆ 가상 사례 2: '다운사이징' 수요를 겨냥한 도심 실버타운 개발

1) **현황:** 한 부동산 개발사가 포화 상태인 도심에서 새로운 틈새시장을 발굴하고자 합니다.

2) **생애주기 AI 모델 분석:** AI 모델이 서울 강남 지역의 인구 및 주택 데이터를 분석합니다. 그 결과, 넓은 평수의 노후 아파트에 거주하는 '자녀 독립 후(Empty Nester)' 가구의 비중이 매우 높다는 점을 발견합니다. 여기에 부동산 검색어 데이터('도심 실버타운', '고급 요양시설')와 소비 데이터('문화센터', '종합병원')를 융합하자, 이들의 '다운사이징' 욕구와 함께 도심의 편리함을 포기하고 싶지 않은 성향이 뚜렷하게 나타났습니다.

3) **데이터 기반 전략 수립:** 개발사는 이들을 위한 교외의 한적한 요양원이 아닌, 도심의 핵심 인프라를 그대로 누릴 수 있는 '도심형 액티브 시니어 타운'이라는 새로운 컨셉을 도출합니다. 오래된 상업용 건물을 리모델링하여, 평수는 줄이되 최고급 마감재와 IoT 기술을 적용한 소형 주거 공간을 만듭니다. 또한, 건물 내에 1차 진료 클리닉과 재활센터를 입점시키고, 인근 백화점 문화센터 및 콘서트홀과 연계한 VIP 프로그램을 제공합니다. 이는 도심의 편리함과 프리미엄 돌봄 서비스를 동시에 원하는 새로운 노년층의 수요를 정확히 충족시킵니다.

구분	전통적 실버타운 모델	도심형 액티브 시니어 타운 모델 (AI 예측 기반)
주요 타겟	은퇴 후 조용한 삶을 원하는 노년층	자녀 독립 후 도심 라이프를 유지하고픈 노년층
입지 전략	저렴한 교외 지역	기반시설이 풍부한 도심 지역
핵심 서비스	요양 및 간호 서비스	의료 접근성, 문화생활 연계, 컨시어지 서비스
가상 수익률(연)	5%	12%

생애주기 예측 모델은 도시를 건물의 집합이 아닌, 사람들의 삶이 펼쳐지는 역동적인 무대로 보게 만듭니다. 각본의 다음 장면을 미리 읽어내듯, 주민들의 다음 생애 단계를 예측함으로써 우리는 수요가 정점에 이르기 전에 필요한 주택과 인프라를 공급할 수 있습니다

4. 젠트리피케이션(Gentrification) 현상의 빅데이터 기반 조기 탐지 시스템과 가상사례

젠트리피케이션 현상은 도시의 활력을 보여주는 긍정적 신호인 동시에, 기존 거주민과 소상공인을 내모는 사회적 문제를 야기하는 양날의 검과 같다. 빅데이터 기반의 조기 탐지 시스템은 마치 도시의 건강을 진단하는 정밀 체온계처럼 젠트리피케이션이라는 열병의 미세한 초기 증상을 포착하여, 도시가 과열되기 전에 선제적으로 대응할 수 있는 새로운 가능성을 제시한다

젠트리피케이션 조기 탐지 시스템의 핵심은 임대료 급등이나 인구 구성 변화와 같은 '후행 지표(lagging indicators)'가 아닌, 변화의 가장 초기

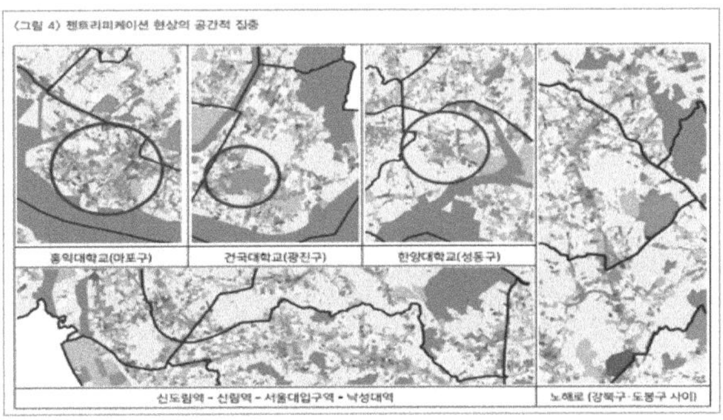

마포·광진·도봉 대학 상권 젠트리피케이션 심각
https://news.einfomax.co.kr

단계에서 나타나는 '선행 지표(leading indicators)'를 포착하는 데 있다. AI는 다양한 데이터 소스를 융합하여, 눈에 보이지 않는 변화의 '디지털 흔적'을 찾아낸다.

4.1. 핵심 데이터 소스

시스템이 감시하는 핵심 데이터 소스는 다음과 같다.

1) 상업 활동 변화 데이터:

(1) **신규 사업자 정보:** 특정 지역에 새로 등록되는 사업체의 업종 변화를 분석한다. 기존의 '세탁소', '철물점' 등이 감소하고, '특색 있는 카페', '독립 서점', '디자인 스튜디오' 등이 증가하는 것은 가장 대표적인 초기 신호이다.

(2) **신용카드 매출 데이터:** 비거주 인구의 주말 소비액 증가나 객단가(1인당 평균 결제액) 상승 등 소비 패턴의 변화를 추적한다.

2) 인구 구성 변화 데이터:

(1) **휴대폰 기지국 데이터:** 특정 지역의 생활인구 변화를 분석한다. 특히 주말에 특정 연령대(예: 20~30대)의 외부 방문객이 급증하는 현상은 지역의 매력도가 높아지고 있음을 의미한다.

(2) **소셜미디어 데이터:** 대중의 인식을 가장 민감하게 반영한다. 특정 지역의 언급량과 '힙플레이스', '골목 감성'과 같은 특정 키워드의 출현 빈도, 그리고 긍정적인 감성 분석 결과는 강력한 선행 지표가 된다.

3) 부동산 시장 데이터:

(1) **온라인 검색량:** 특정 지역의 상업용 부동산이나 주택에 대한 온라인 검색량 및 매물 조회 수의 증가는 잠재적 수요의 증가를 의미한다.

4.2. 가상 사례로 본 조기 탐지 시스템의 활용

◆ 가상 사례 1: 역사문화지구의 상생을 위한 선제적 정책 수립

도시재생의 역설 '젠트리피케이션'…원주민이 사라진다
https://www.asiae.co.kr

1) **현황**: 서울의 한 오래된 한옥마을이 있는 '서촌' 지역의 젠트리피케이션을 관리해야 하는 상황을 가정한다.

2) **AI 조기 탐지 시스템의 경고**: 시스템이 '서촌' 지역에 대해 '젠트리피케이션 관심 단계' 경보를 발령한다.

(1) **소셜미디어 분석**: '#서촌데이트', '#한옥카페' 키워드 언급량이 6개월 전 대비 300% 증가했다.

(2) **유동인구 분석**: 주말 20대 여성의 유동인구가 50% 증가했으며, 평균 체류 시간 또한 길어졌다.

(3) **신규 사업자 분석**: 기존 '세탁소', '슈퍼마켓' 폐업 신고 대비 '카페', '편집샵', '외국음식점' 신규 등록 비율이 4:1로 나타났다.

3) **데이터 기반의 선제적 정책**: 시 정부는 임대료가 급등하기 시작하는 후행 지표가 나타나기 전에 이 데이터를 근거로 선제적 조치에 나섭니다. 기존 소상공인과 건물주 간의 '상생 협약'을 유도하고, 장기 저리 융자나 세금 감면 혜택을 제공하여 기존 상인들이 내몰리지 않도록 보호합니다. 또한, 지역의 고유한 특성을 지킬 수 있도록 지구단위계획을 통해 프랜차이즈 입점을 제한하는 정책을 수립합니다.

구분	전통적 대응(사후 조치)	AI 기반 대응(선제적 조치)
변화 감지 시점	임대료 급등 및 민원 발생 이후	상업 및 유동인구 패턴 변화 초기
주요 판단 근거	언론 보도, 통계청 임대료 통계	소셜미디어, 유동인구, 신규 사업자 데이터
정책 대응	임대료 안정 기금 조성 등 사후 대책	상생 협약 유도, 지구단위계획 변경 등 사전 예방
가상 결과	통제 불가능한 임대료 상승 및 원주민 이탈	지역 정체성 보존 및 점진적이고 포용적인 개발

◆ 가상 사례 2: 상업용 부동산 투자의 새로운 기회 발굴

1) **현황**: 한 부동산 투자사가 '제2의 성수동'이 될 만한 잠재력 높은 지역을 발굴하고자 한다.

2) **AI 조기 탐지 시스템의 분석**: 시스템이 서울의 저평가된 공업 지역들을 스캔하여, '문래동 창작촌' 일대를 유망 지역으로 추천한다.

3) **데이터 퓨전 분석**:

(1) **공공데이터**: 공시지가와 실거래가는 여전히 낮게 형성되어 있다.

(2) **소셜미디어 데이터**: '#철공소'와 '#예술'이 함께 언급되는 게시물이 급증하며, '날것의 매력'이라는 긍정적 감성이 높게 나타난다.

(3) **카드 매출 데이터**: 주말 동안 20-30대의 카드 매출이 전년 대비 80% 상승했으며, 매출의 "70%"가 비거주 방문객에 의해 발생했다.

4) **데이터 기반 투자 전략**: 투자사는 공식적인 부동산 가격은 낮지만, 사람들의 관심도와 문화적 자본이 매우 빠르게 축적되고 있음을 파악한다. 이는 미래 가치 상승의 강력한 신호입니다. 투자사는 해당 지역의 낡은 공장 건물을 매입하여, 기존의 예술가들을 위한 저렴한 공동

작업실과 전시 공간으로 리모델링한다. 이는 지역의 독특한 정체성을 보존하면서 장기적인 자산 가치를 극대화하는 지속가능한 투자 전략이 된다.

구분	A 지역(안정적 상권)	B 지역(문래동 창작촌)
공식 부동산 지표	공시지가 및 임대료 높음, 안정적	공시지가 및 임대료 낮음, 저평가 상태
빅데이터 기반 지표	소셜 언급량 정체, 유동인구 안정	소셜 언급량 급증, 주말 외부 유입인구 급증
미래가치 성장성	낮음(포화 상태)	매우 높음(성장 초기 단계)
가상 10년 후 투자수익률	40%	250%

빅데이터 기반의 젠트리피케이션 탐지 시스템은 현대 도시계획 및 부동산 시장 분석에 필수적인 도구이다. 이는 도시의 변화를 수동적으로 관찰하고 사후에 대응하던 기존의 방식에서 벗어나, 데이터를 근거로 미래를 예측하고 변화를 주도하는 적극적인 도시 관리를 가능하게 한다. 도시의 미세한 맥박을 감지함으로써, 우리는 긍정적인 활력은 키우고 부정적인 부작용은 최소화하여, 모두를 위한 포용적이고 지속가능한 도시 재생을 이끌어 나갈 수 있을 것이다.

5. 미래 인구구조 변화와 주택시장 전망 시뮬레이션과 가상 사례

미래의 주택 시장을 전망하는 것은 마치 날씨를 예보하는 것과 같다. 과거의 데이터만으로는 예측에 한계가 있으며, 대기 전체의 흐름을 읽는 거대한 시뮬레이션 모델이 필요하다. 도시부동산에서 '인구구조(Demographic Structure)'의 변화는 주택 시장의 미래를 결정하는 가장 근본적인 대기의 흐름이다. AI 시뮬레이션은 이 거대한 흐름을 데이터 기반으로 예측하여, 우리가 앞으로 어떤 집을, 어디에, 얼마나 지어야 하는지에 대한 과학적인 통찰을 제공한다.

5.1. 인구구조 변화 예측 시뮬레이션의 원리

인구구조 시뮬레이션의 핵심은 통계 데이터를 기반으로 가상의 도시 인구, 즉 "디지털 트윈(Digital Twin)"을 만들어 미래 시간의 흐름에 따라 변화시키는 것이다. 이 가상의 시민들은 통계적 확률에 따라 나이를 먹

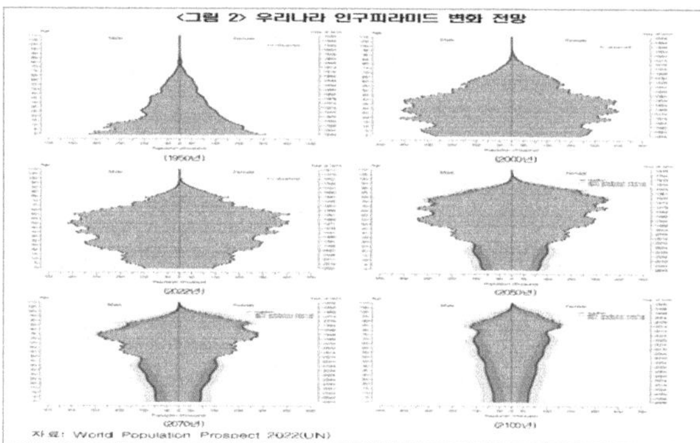

인구구조변화 한국경제인협회 https://www.fki.or.kr

고, 결혼하며, 아이를 낳고, 거주지를 옮기다가 은퇴하고 사망합니다. AI는 이러한 과정을 수백, 수천 번 반복하여 가장 가능성 높은 미래의 모습을 도출한다.

5.1.1. 시뮬레이션에 사용되는 핵심 입력 데이터

시뮬레이션에 사용되는 핵심 입력 데이터는 다음과 같다.

(1) **기초 인구 데이터**: 통계청의 인구주택총조사를 바탕으로 한 현재의 연령, 성별, 지역별, 가구 유형별 인구 분포가 시뮬레이션의 출발점이 된다.

(2) **인구 변동 추계**: 미래의 출생률, 사망률, 국제 순이동(이민, 유학 등) 예측치를 반영하여 전체 인구의 증감을 계산한다.

(3) **가구 분화 패턴**: 혼인율, 이혼율, 그리고 청년층이 부모로부터 독립하여 1인 가구를 형성하는 비율 등을 적용하여, 총인구수보다 주택 수요에 더 직접적인 영향을 미치는 총가구수의 변화를 예측한다.

(4) **공간 이동 확률**: 과거 데이터를 학습하여 특정 연령이나 소득 계층이 어떤 이유로, 어느 지역에서 어느 지역으로 이동하는지에 대한 확률 모델을 구축한다.

이러한 데이터를 바탕으로 AI는 저출산 시나리오, 고령화 가속 시나리오, 외국인 이민 증가 시나리오 등 다양한 미래에 대한 주택 시장의 반응을 실험해볼 수 있다.

5.2. 가상 사례로 본 미래 주택시장 시뮬레이션

◆ 가상 사례 1: 초 저출산 시대, '학군'의 미래 가치 시뮬레이션

1) **현안 과제**: 2025년 현재, 한 자산운용사가 대한민국의 교육 1번지인 강남구 대치동의 아파트 단지를 장기 투자 포트폴리오에 편입할지 고민하고 있습니다. 초저출산 현상으로 인해 20년 후에도 학군 프리미엄이 유효할지 의문이기 때문입니다.

2) **AI 시뮬레이션 분석:** 2045년 서울의 학령인구 및 주택 수요를 예측하는 시뮬레이션을 실행합니다.

(1) **입력값:** 현재의 출산율(0.6명대), 가구 소득 분포, 대학 진학률, 과거 학군 선호도 데이터.

(2) **시뮬레이션 결과:** 2045년 서울의 전체 학령인구(만 7세~18세)는 현재보다 40% 감소하는 것으로 나타납니다. 하지만, 줄어든 학생 수만큼 교육열과 입시 경쟁은 오히려 더 치열해지면서, 소수의 상위권 대학에 진학시키기 위한 수요가 최상위 학군으로 더욱 강력하게 집중되는 '교육 양극화' 현상이 예측됩니다. 따라서 서울 전체의 학군 수요는 감소하지만, 대치동의 교육 인프라에 대한 수요는 수도권 전역에서 학생들을 끌어들이며 현재 수준을 유지하거나 소폭 상승할 것으로 나타납니다.

3) **데이터 기반 투자 결정:** 자산운용사는 대치동의 학군 프리미엄이 전체 인구 감소의 영향을 거의 받지 않는 매우 탄력적인 자산이라고 판단하고, 장기 투자를 최종 결정합니다.

구분	2045년 서울 전체	2045년 강남구 대치동
학령인구 증감 예측	-40%	-5% (수도권 전역에서의 순유입 고려)
중대형 주택 수요 예측	-25%	+3%
학군 프리미엄 가치	전반적 약화	현재 가치 유지 또는 소폭 상승
미래가치 안정성	낮음	매우 높음

◆ 가상 사례 2: 1인 가구 급증과 도시 공간 구조의 재편

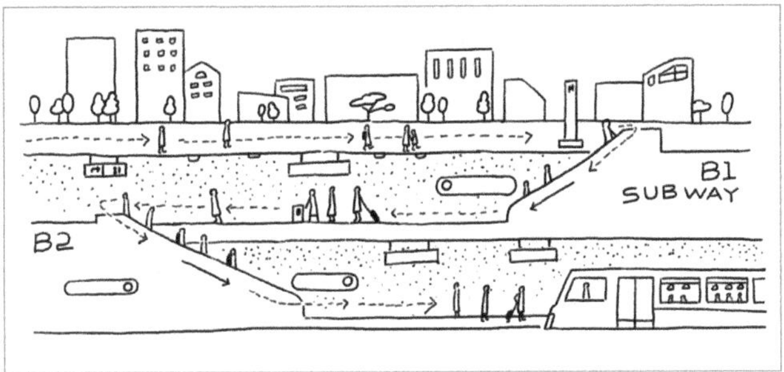

서울도시공간포털: 도시계획체계 〉 2040서울도시기본계획
https://urban.seoul.go.kr

1) **현안 과제:** 한 광역시 정부가 2050 도시기본계획을 수립하며 미래 도시의 공간 구조를 어떻게 개편할지 결정해야 합니다.

2) **AI 시뮬레이션 분석:** 2050년의 가구 구조 변화를 예측하는 시뮬레이션을 실행합니다.

(1) **입력값:** 청년 및 노년층의 1인 가구 형성률, 소득 수준, 민간의 라이프스타일 데이터(소비, 여가 패턴).

(2) **시뮬레이션 결과:** 2050년이 되면 1인 가구가 전체 가구의 45%를 차지하는 가장 주된 가구 형태가 될 것으로 예측됩니다. 특히 청년 1인 가구는 교통이 편리하고 편의시설이 밀집된 도심 지역에, 노년 1인 가구는 병원과 복지시설 접근성이 좋은 지역에 집중되는 패턴을 보입니다. 반면, 과거 주택 시장의 중심이었던 외곽 지역의 4인 가족용 대형 아파트 단지에 대한 수요는 정체될 것으로 나타납니다.

3) **데이터 기반 도시계획 수립:** 시 정부는 시뮬레이션 결과를 바탕으로 도시계획의 방향을 수정합니다. 외곽의 대규모 아파트 개발 계획을 축소하고, 도심의 고밀도 복합 개발에 집중합니다. 낡은 상업용 건물

을 주거용 오피스텔로 전환하는 용도 변경을 장려하고, 공유 주택(Co-living) 모델을 도입하며, 지하철역과 병원 주변의 용적률을 상향하여 소형 주택 공급을 늘리는 정책을 추진합니다.

구분	2025년 주택 시장	2050년 주택 시장 (시뮬레이션 결과)
주요 가구 형태	4인 가구/2인 가구	1인 가구(45%)/ 2인 가구
핵심 수요 주택	전용 84㎡ 아파트 (국민 평형)	전용 60㎡ 이하 소형 주택 및 오피스텔
주요 개발 입지	신도시 등 외곽 택지지구	도심 역세권, 병원 인접 지역
미래 도시 계획 방향	외곽 확장 및 신도시 개발	도심 압축 및 재생 (Compact & Regenerative City)

인구구조 시뮬레이션은 미래 도시와 부동산 시장을 내다보는 가장 과학적인 수정 구슬(Crystal Ball) 이다. 이는 과거의 추세나 직관을 넘어, 데이터에 기반하여 미래에 대한 다양한 '가상 실험'을 가능하게 한다. 아이는 줄고, 1인 가구는 늘며, 사회 전체가 늙어가는 거대한 인구구조의 변화를 정확히 읽어내고 그 공간적 결과를 시뮬레이션 함으로써, 우리는 미래 세대가 실제로 필요로 하는 도시와 주택을 미리 준비할 수 있다.

제4장

빅데이터 기반 도시부동산 가치 평가의 핵심 변수

1. 입지적 요소가 도시부동산 가치 형성에 미치는 영향 분석과 가상사례

부동산의 가치를 결정하는 제1원칙은 "입지(Location)"이다. 빅데이터와 AI는 '좋은 입지'라는 전통적 개념을, 눈에 보이지 않는 수많은 데이터의 층으로 이루어진 다차원적 관계망으로 해석하며 그 의미를 근본적으로 바꾸고 있다. 이는 마치 단순한 지도를 보다가, 그 위에 교통, 상권, 환경, 사람들의 감성이라는 투명한 필름을 겹쳐 도시의 숨겨진 가치를 입체적으로 투시하는 것과 같다.

1.1. 입지적 요소의 재해석: 관계와 맥락의 데이터화

빅데이터와 AI는 전통적인 입지적 요소를 더욱 정밀하고 다차원적으로 분석하며, 과거에는 측정할 수 없었던 새로운 가치를 발굴한다.

(1) 접근성(Accessibility): 이는 단순히 지하철역까지의 물리적 거리가 아니다. AI는 실제 도로망과 대중교통 배차 간격, 환승 저항까지 고려한 '실질 소요 시간'을 계산한다. 나아가 특정 산업군이 밀집한

업무지구까지의 '직주근접성'을 개인의 직업에 맞춰 분석하는 수준으로 발전하고 있다.

(2) **편의성(Amenity):** 주변에 대형마트나 공원이 있다는 사실을 넘어, 실제 생활의 질을 결정하는 미시적 편의성을 데이터로 증명한다. 신용카드 및 배달앱 데이터를 융합하여, 도보 10분 거리 내의 상점을 얼마나 자주 이용하는지를 분석하는 '슬세권(Slipper Zone)'의 실질 가치를 정량화하는 것이다.

(3) **환경성(Environment):** 남향, 공원 면적과 같은 정적인 요소를 넘어선다. AI는 도시 곳곳의 센서 네트워크를 통해 특정 주소의 평균 소음(dB), 미세먼지 농도, 일조량을 실시간 데이터로 제공한다. 또한 소셜미디어의 감성 분석을 통해 지역의 '안전 체감도'나 '커뮤니티 활력' 같은 무형의 가치까지 측정 가능한 영역으로 가져온다.

1.2. 가상 사례로 본 입지 가치 분석

◆ 가상 사례 1: 동일 역세권 아파트 A와 B의 가치 역전 현상

1) **현안 과제:** 지하철역에서 동일하게 500m 거리에 위치하여 과거에는 가치가 비슷했던 두 아파트 단지 A와 B가 있다고 가정한다. 최근 B 단

역세권 아파트에 수요자 몰린다 https://www.rcast.co.kr

지의 가격이 A를 추월하기 시작했으며, AI 입지 분석을 통해 그 원인을 규명한다.

2) AI 입지 분석 결과:

(1) **접근성:** A 단지는 역까지 가는 길에 왕복 8차선 도로가 있어 육교를 이용해야 하므로, AI의 네트워크 분석상 실질 도보 시간은 12분이 소요된다. 반면 B 단지는 공원 산책로를 통해 역까지 안전하게 7분 만에 도달 가능하다.

(2) **편의성:** 신용카드 데이터 분석 결과, B 단지의 '슬세권' 내 카페 및 소규모 상점의 주말 객단가 및 결제 건수가 A 단지보다 40% 높게 나타난다. 이는 B 단지 주변의 생활 편의 관련 상권이 훨씬 활성화되어 있음을 의미한다.

(3) **환경성:** 소음 측정 센서 데이터상 A 단지는 대로변 소음으로 평균 60dB을 기록했으나, B 단지는 평균 45dB로 훨씬 정온한 환경임이 증명된다.

3) **결론:** AI는 이러한 미시적 입지 요소를 종합하여 B 단지의 'AI 입지 가치 점수'를 A 단지보다 월등히 높게 평가하며, 이는 최근의 가격 역전 현상을 과학적으로 설명하는 근거가 된다.

입지 요소	아파트 A	아파트 B
접근성	실질 도보 시간: 12분(육교 이용)	실질 도보 시간: 7분(공원 산책로)
편의성	주말 슬세권 소비 지수: 65점	주말 슬세권 소비 지수: 91점
환경성	평균 소음: 60dB(대로변)	평균 소음: 45dB(공원 인접)
AI 입지 가치 총점	72점	93점

◆ 가상 사례 2: 비인기 지역 C의 '직주근접' 잠재력 발굴

1) 현안 과제: 한 부동산 개발사가 젊은 직장인들을 위한 주거 단지를 짓기 위해 저평가된 지역을 찾고 있다. C 지역은 전통적인 도심과의 거리가 멀어 비인기 지역으로 분류되어 왔다.

2) AI 입지 분석 결과:

(1) 데이터 융합: AI가 휴대폰 기지국 데이터와 채용 공고 데이터를 융합하여, 최근 3년간 급성장한 판교·마곡 등 신흥 IT 업무지구 근무자들의 출퇴근 패턴(OD: Origin-Destination)을 분석한다.

(2) 잠재력 발견: 분석 결과, 해당 업무지구 근무자 중 상당수가 비싼 직장 근처 대신, 대중교통으로 연결된 C 지역에 거주하는 것을 발견한다. C 지역에서 신흥 업무지구까지의 실제 대중교통 소요 시간은 평균 35분으로, 이들의 심리적 출퇴근 저항선인 40분 이내에 있음이 확인된다.

3) 결론: AI는 C 지역이 전통적 도심 접근성은 낮지만, 새로운 핵심 일자리(Key Job) 접근성이 매우 높은, 숨겨진 직주근접 잠재 지역임을 증명한다. 개발사는 이 데이터를 바탕으로 C 지역에 젊은 직장인들을 위한 소형 주택 및 오피스텔 단지 개발을 결정하고, '판교·마곡 30분 라이프'를 핵심 마케팅 전략으로 사용한다.

분석 방식	전통적 입지 분석	AI 기반 입지 분석
주요 고려 요인	전통 도심(CBD)과의 거리	신흥 핵심 업무지구(KJD)와의 실질 소요 시간
C 지역에 대한 평가	비인기 외곽 지역(가치 낮음)	숨겨진 직주근접 지역 (잠재 가치 높음)
개발 전략	개발 부적합	젊은 직장인 타겟의 소형 주택 단지 개발
예상 결과	투자 포기	높은 분양률 및 임대수익률 달성

빅데이터와 AI 시대의 입지 분석은 더 이상 '어디에 있는가'라는 절대적 위치의 문제가 아니다. 이는 '무엇과 어떻게 연결되어 있는가'라는 관계와 맥락의 과학으로 진화하고 있다. 보이지 않는 데이터 층을 겹겹이 쌓아 올림으로써, 우리는 부동산의 진정한 가치를 발견하고 미래의 잠재력을 예측할 수 있는 강력한 통찰을 얻게 되는 것이다.

2. 경제·사회적 지표와 도시부동산 가치 변동 연계성과 가상사례

도시부동산의 가치는 진공 속에서 결정되지 않는다. 그것은 도시를 둘러싼 거대한 경제의 흐름과 그 안에 사는 사람들의 사회의 가치관이라는 보이지 않는 조류에 의해 끊임없이 흔들리고 재정의되는 살아있는 유기체와 같다. 빅데이터와 AI는 이 복잡하게 얽힌 경제·사회적 지표와 부동산 가치 사이의 숨겨진 연결고리를 찾아내어, 우리에게 시장의 미래를 예측할 수 있는 강력한 나침반을 제공한다.

2.1. 도시의 거시경제와 부동산 가치의 연결고리

AI 기반의 분석은 단순히 금리가 오르면 집값이 내린다는 식의 1차원적인 관계를 넘어, 다양한 거시 지표가 특정 지역의 부동산 시장에 미치는 비선형적이고 복합적인 파급효과를 정밀하게 분석한다.

1) **경제적 지표**(Economic Indicators): 전통적인 분석이 기준금리나 GDP 성장률 같은 거시 지표의 평균적인 영향력을 다루었다면, AI는 이를 훨씬 더 깊고 세밀하게 분석한다.

(1) **미시적 파급효과 분석**: AI는 기준금리 인상이 모든 지역에 동일한 영향을 미치지 않는다는 것을 증명한다. 예를 들어, 고소득 전문직

비중이 높은 지역은 금리 인상에 상대적으로 둔감하지만, 부채를 활용한 투자가 많았던 신도시 지역은 훨씬 더 큰 가격 하락 충격을 받는다는 것을 시뮬레이션할 수 있다.

(2) **산업별 연관성 분석**: 특정 산업, 예를 들어 반도체 산업의 수출 실적 데이터나 관련 기업의 주가 지수가 해당 산업의 연구개발(R&D) 센터나 공장이 밀집한 지역(예: 평택, 이천)의 오피스 및 주택 가격에 선행하여 미치는 영향을 분석한다. 이는 특정 산업의 경기가 지역 부동산 시장에 미치는 영향을 예측하는 조기 경보 시스템으로 작동하는 것이다.

2) **사회적 지표(Social Indicators)**: 과거에는 측정하기 어려웠던 사회적 분위기나 가치관의 변화를 데이트 화하여 부동산 가치 변동의 새로운 동인을 찾아낸다.

(1) **사회적 자본 측정**: AI는 지역 커뮤니티의 온라인 활동 데이터나 중고 거래 플랫폼의 지역 내 거래 빈도 등을 분석하여, 눈에 보이지 않는 '신뢰', '연대감'과 같은 사회적 자본(Social Capital)을 지수화한다. AI 모델은 이 지수가 높은 지역이 외부 경제 충격이 발생했을 때 부동산 가격의 회복탄력성이 더 높다는 유의미한 관계를 발견한다.

(2) **가치관 변화 추적**: 뉴스, 블로그, 소셜미디어의 텍스트 데이터를 분석하여 '워라밸(Work-Life Balance)', '환경보호', '공정성' 등 새로운 사회적 가치관의 확산이 주거 선호도(예: 숲세권 선호 증가, ESG 경영을 하는 건설사 브랜드 선호)에 미치는 영향을 정량화 한다.

■ 경제·사회적 지표의 유형별 목표, 분석방법, 역할, 도시부동산 활용예시

유형	경제적 지표	
세부 분석	미시적 파급효과 분석	산업별 연관성 분석
목표	거시 경제 변수가 모든 지역에 미치는 영향이 아닌, 지역별로 차별화된 파급효과를 정밀하게 측정하는 것을 목표로 한다.	특정 산업의 경기 동향이 관련 산업단지 인근 지역의 부동산 시장에 미치는 선행-후행 관계를 규명하는 것을 목표로 한다.
분석방법	특정 경제 충격(예: 기준금리 인상)에 따른 지역별 데이터(가구 소득, 부채 비율 등)를 변수로 하여 AI 시뮬레이션 모델을 구축 및 실행한다.	특정 산업의 주요 경제 지표(예: 반도체 수출액)와 관련 지역의 부동산 지표(예: 고용률, 공실률)를 시계열로 융합하여 분석한다.
역할	거시 경제 정책이 야기할 수 있는 지역별 부동산 시장의 리스크를 사전에 정량적으로 예측하는 역할을 한다.	특정 산업의 경기를 통해 지역 부동산 시장의 미래를 예측하는 조기경보 시스템으로 서의 역할을 수행한다.
도시부동산 활용예시	금리 인상 시, 부채 비율이 높은 신도시 지역의 주택 가격 하락 충격이 고소득층 밀집 지역보다 클 것임을 시뮬레이션 한다.	반도체 경기 지수의 변동을 통해 수개월 후 평택, 이천 등 반도체 클러스터 지역의 공장 및 주택 수요 변화를 예측한다.

유형	사회적 지표	
세부 분석	사회적 자본 측정	가치관 변화 추적
목표	눈에 보이지 않는 지역 공동체의 신뢰, 연대감 등 사회적 자본을 객관적인 지표로 정량화하는 것을 목표로 한다.	시대의 흐름에 따라 변화하는 사회적 가치관이 주거 공간의 선호도에 미치는 영향을 포착하는 것을 목표로 한다.
분석방법	지역 커뮤니티의 온라인 활동 데이터, 지역 내 중고 거래 빈도, 주민자치 활동 참여율 등을 종합하여 지수를 산출한다.	뉴스, 블로그 등 소셜미디어의 방대한 텍스트 데이터를 마이닝하여 특정 키워드(예: 워라밸, 숲세권)의 언급량 변화를 추적한다.
역할	지역사회의 내재적인 안정성과 경제 위기 시 부동산 가치의 회복탄력성을 평가하는 새로운 척도로서의 역할을 한다.	미래 주택 시장에서 새로운 수요를 창출할 사회·문화적 트렌드를 조기에 발견하고 정의하는 역할을 수행한다.

도시부동산 활용예시	사회적 자본 지수가 높은 아파트 단지가 외부 충격 발생 시 가격 방어 및 회복 속도가 더 빠를 것이라고 예측한다.	'워라밸' 가치관의 확산이 직주근접성이 좋은 소형 오피스텔이나 '숲세권' 아파트의 선호도 증가로 이어짐을 분석한다.

2.2. 가상 사례로 본 연계성 분석

◆ 가상 사례 1: 반도체 산업 경기와 특정 지역 부동산의 동조화

BGF리테일 부산 신규 물류센터 https://www.newspim.com

1) **현안 과제:** 한 연기금이 반도체 산업단지가 밀집한 평택 지역의 신규 물류센터에 대한 대규모 투자를 검토하고 있다. 투자의 성패는 글로벌 반도체 경기에 달려있다고 할 수 있다.

2) AI 연계성 분석:

(1) **데이터 융합:** AI가 과거 15년간의 글로벌 필라델피아 반도체 지수(SOX), 한국의 반도체 월별 수출액, 평택 지역의 산업단지 고용률, 그리고 평택시 상업용 부동산(창고, 공장)의 공실률 및 임대료 데이터를 융합하여 시계열 분석을 수행한다.

(2) **선행-후행 모델 발견:** 분석 결과, '글로벌 반도체 지수'는 평균 6개월의 시차를 두고 평택 지역의 고용률에 영향을 미치고, 이는 다시

평균 3개월의 시차를 두고 상업용 부동산 공실률에 영향을 미친다는 강력한 선행-후행 관계 모델을 발견한다.

3) 데이터 기반 투자 전략: 현재 글로벌 반도체 지수가 저점을 찍고 상승 사이클에 진입한 것을 확인한다. AI 예측 모델에 따르면, 약 9개월 후부터 평택의 물류 및 공장 수요가 급증하여 임대료가 상승할 확률이 "85%"에 달한다. 연기금은 이 예측을 바탕으로 시장의 모든 참여자가 수요 증가를 체감하기 전에, 선제적으로 물류센터 개발 투자를 최종 결정한다.

구분	전통적 분석	AI 연계성 분석
판단 근거	현재 평택 지역의 공실률 및 임대료 동향	글로벌 반도체 지수 등 선행 경제 지표
미래 예측	현재 시장 상황을 기반으로 한 추세 예측	6~9개월 후의 시장 상황에 대한 확률적 예측
투자 결정	수요 증가가 확인된 후 투자 (후행적)	수요 증가를 예측하고 선제적 투자(선행적)
기대 효과	안정적이나 낮은 수익률	고위험-고수익(High Risk-High Return)이나 예측 기반으로 위험 최소화

◆ 가상 사례 2: '사회적 신뢰 지수'와 부동산 가격 회복탄력성

1) 현안 과제: 2025년 글로벌 경제 위기로 인해 서울의 모든 지역 부동산 가격이 평균 20% 하락했다고 가정한다. 소득 수준과 물리적 환경이 유사한 두 개의 인접 아파트 단지 A와 B 중, 어느 곳이 더 빠르게 가격을 회복할지 예측해야 한다.

2) AI 연계성 분석:

(1) 데이터 융합: AI가 아파트 실거래가 데이터와 함께, 측정하기 어려

웠던 사회적 지표를 융합하여 분석한다.

(2) 지역 커뮤니티 앱의 일평균 게시글 수 및 주민 참여율(A 단지〉B 단지)

- 중고 거래 플랫폼에서의 단지 내 주민 간 거래 활성도(A 단지〉B 단지)
- 관리비 장기 연체율(A 단지〈B 단지)

(3) '사회적 신뢰 지수' 산출: AI는 이 지표들을 종합하여 '사회적 신뢰 지수'를 산출한 결과, A 단지는 8.2점, B 단지는 4.5점으로 나타난다.

3) 회복탄력성 예측: AI는 과거 위기 데이터를 학습한 결과, 사회적 신뢰 지수가 높은 지역일수록 위기 상황에서 급매물이 적게 나오고, 주민 간의 정보 공유를 통해 시장 심리가 빠르게 안정되는 경향이 있음을 발견한다. 따라서 A 단지의 가격이 위기 이전 수준으로 회복되는 데 18개월이 걸리는 반면, B 단지는 27개월이 소요될 것이라고 예측한다. 이는 보이지 않는 사회적 자본이 실물 자산의 가치를 지키는 중요한 방어막임을 증명하는 것이다.

구분	A 아파트 단지	B 아파트 단지
물리적 조건	유사함(소득, 평형, 입지 등)	유사함(소득, 평형, 입지 등)
사회적 신뢰 지수	8.2점 (커뮤니티 활동 활발, 연체율 낮음)	4.5점 (커뮤니티 활동 저조, 연체율 높음)
위기 시 특징 예측	급매물 적음, 시장 심리 조기 안정	급매물 많음, 시장 심리 불안 장기화
가상 가격 회복 기간	18개월	27개월

도시부동산의 가치는 더 이상 개별 건물의 특성이나 입지에만 국한되지 않는다. 그것은 거대한 경제적 파도와 사회적 조류에 반응하는 복잡한 시스템인 것이다. 빅데이터와 AI는 이러한 보이지 않는 힘들의 상호작용을 과학적으로 분석하고 예측하는 최초의 도구이다. 이를 통

해 우리는 부동산 시장의 미래를 더 깊이 이해하고, 더 현명한 의사결정을 내릴 수 있는 새로운 시대에 진입한 것이다.

3. 환경 데이터(공기질, 녹지율 등)의 도시부동산 평가 반영 방식과 가상사례

부동산의 가치를 평가하는 기준이 근본적으로 변하고 있다. 과거에는 교통, 학군, 상권 등 눈에 보이는 입지적 요인이 가치의 전부였다면, 이제는 눈에 보이지 않는 환경적 가요소, 즉 삶의 질을 결정하는 '쾌적성(Amenity)'이 새로운 가치의 핵심으로 부상하고 있다.

빅데이터와 AI는 과거에는 주관적인 느낌의 영역에 머물렀던 공기의 질, 녹지의 양, 소음의 정도를 객관적인 데이터로 측정하여, 이를 부동산의 실질 가치에 반영하는 새로운 평가 방식을 가능하게 한다.

3.1. 보이지 않는 가치의 측정: 환경 데이터의 정량

AI 기반의 환경 가치 평가는 도시 곳곳에 설치된 센서와 위성 등 다양한 소스로부터 수집된 데이터를 활용하여, 추상적인 '환경의 질'을 구체적인 지수로 변환하는 과정이다.

(1) **대기질 데이터(Air Quality Data)**: 국가 및 지자체에서 운영하는 실시간 대기오염 측정망의 센서 데이터가 핵심이다. AI는 특정 주소지에서 가장 가까운 측정소의 데이터를 연평균, 계절별, 시간대별로 분석하여, 미세먼지(PM10) 및 초미세먼지(PM2.5) 농도를 기반으로 '청정 공기 지수'를 산출한다. 이 지수는 호흡기 건강과 직결되므로, 특히 병원, 학교, 노인 거주 지역의 부동산 가치에 직접적인 영향을 미치는 변수로 활용된다.

(2) **녹지 데이터(Green Space Data)**: 위성사진을 분석한 정규화 식생지수(NDVI)와 GIS 데이터를 통해 녹지를 정량화한다. AI는 단순히 공원까지의 거리를 재는 것을 넘어선다. 특정 주택의 창문에서 실제로 보이는 "조망 녹지율(Viewable Green Ratio)"이나, 도보 5분 내에 접근 가능한 녹지 공간의 총면적을 계산하여 '체감 녹지 지수'를 생성한다. '숲세권', '공세권'이라는 신조어는 이러한 녹지 가치가 이미 중요한 가격 프리미엄을 형성하고 있음을 보여준다.

(3) **소음 및 빛 공해 데이터(Noise & Light Pollution Data)**: 도시 곳곳에 설치된 소음 측정 센서와 야간 위성사진을 통한 빛 공해 지도가 데이터 소스이다. AI는 특정 지역의 주간 및 야간 평균 소음(dB)과 빛 공해 수준을 분석하여 정온성(tranquility) 및 쾌적한 수면 환경 지수를 생성한다. 이는 도로변이나 상업지역 인근 주택의 가치를 객관적으로 차감하거나, 조용한 주택가의 가치를 방어하는 중요한 근거가 된다.

■ 환경 데이터 유형별 목표, 분석방법, 역할, 도시부동산 활용예시

데이터유형	대기질 데이타
목표	특정 지역의 공기 질 수준을 객관적이고 정량적인 '청정 공기 지수'로 변환하는 것을 목표로 한다.
분석방법	AI가 실시간 대기오염 측정망의 센서 데이터를 연평균, 계절별로 분석하여 미세먼지(PM10, PM2.5) 농도를 기반으로 지수를 산출한다.
역할	거주민의 건강과 직결되는 환경 요소를 부동산 가치 평가 모델에 직접 반영하는 핵심 변수 역할을 한다.
도시부동산 활용예시	병원, 학교 인근 부동산의 가치를 산정할 때, 청정 공기 지수를 중요한 가산점으로 활용하여 그 가치를 높게 평가한다.

데이터유형	녹지 데이터
목표	물리적 거리 뿐만 아니라, 시각적·체감적으로 느끼는 녹지 공간의 가치를 정량 화하는 것을 목표로 한다.
분석방법	AI가 위성사진(NDVI)과 GIS 데이터를 융합하여 '조망 녹지율'이나 도보 접근 가능 녹지 면적을 계산, '체감 녹지 지수'를 생성한다.
역할	심리적 안정감을 제공하는 녹지의 가치를 가격 프리미엄으로 연결시키는 객관적 근거 로서의 역할을 수행한다.
도시부동산 활용예시	'숲세권' 아파트의 가격 프리미엄을 체감 녹지 지수를 통해 정량적으로 산출하고, 그 타당성을 증명하는 데 사용된다.

데이터유형	소음 및 빛 공해 데이터
목표	주거 환경의 정온성 및 쾌적한 수면 환경 등 생활의 질에 영향을 미치는 부정적 요소를 측정하는 것을 목표로 한다.
분석방법	도시 내 소음 측정 센서와 야간 위성사진 데이터를 분석하여 특정 지역의 평균 소음(dB)과 빛 공해 수준을 지수화한다.
역할	부동산의 가치를 하락시키는 환경적 감가 요인을 객관적으로 산출하고, 조용한 주거 환경의 가치를 방어하는 역할을 한다.
도시부동산 활용예시	도로변이나 상업지역 인근 주택의 가치를 평가할 때, 소음 및 빛 공해 지수를 객관적인 가격 차감의 근거로 활용한다.

3.2. 가상 사례로 본 환경 가치 평가

◆ 가상 사례 1: 동일 지역, 다른 공기질: 아파트 단지의 가치 차별화

1) 현안 과제: 서울의 같은 행정동 내에 1km 간격으로 위치한 A와 B 아파트 단지가 있다고 가정한다. 학군과 교통 여건이 유사하여 전통적인 평가로는 가치가 비슷했으나, AI 환경 분석을 통해 숨겨진 가치의 차이를 발견한다.

2) AI 환경 데이터 분석: 고밀도 대기질 센서 네트워크 데이터를 분석한 결과, A 단지는 주 도로와 소규모 공업단지에 인접하여 연평균 초미세먼지(PM2.5) 농도가 25μg/m³에 달한다. 반면, B 단지는 작은 숲과 하천에 인접하여 연평균 농도가 15μg/m³로 현저히 낮게 나타난다.

3) 가치 평가 모델링: AI가 과거 서울 지역의 아파트 거래 데이터와 대기질 데이터를 학습한 결과, 초미세먼지 농도가 1μg/m³ 낮아질 때마다 해당 지역의 주택 가격은 평균 0.5% 상승하는 유의미한 상관관계가 있음을 발견한다.

4) 결론: A 단지와 B 단지의 농도 차이 10μg/m³는 약 5%의 가격 프리미엄 차이로 이어진다고 결론 내린다. 이는 눈에 보이지 않는 공기의 질이 실질적인 자산 가치임을 과학적으로 증명하는 것이다.

구분	A 아파트 단지	B 아파트 단지
입지 특성	주 도로 및 소규모 공업단지 인접	숲, 하천 인접
핵심 환경 데이터	연평균 초미세먼지(PM2.5) 농도: 25μg/m³	연평균 초미세먼지(PM2.5) 농도: 15μg/m³
AI 모델 분석 결과	기준가(Benchmark Pri□ce)	공기질로 인한 5%의 가치 프리미엄 발생
가상 환경 프리미엄 가치 (10억 아파트 기준)	0원	+5,000만 원

◆ 가상 사례 2: '조망 녹지율'을 활용한 오피스 빌딩 임대료 책정

1) 현안 과제: 한 기업이 신축 오피스 빌딩의 같은 층, 같은 면적의 두 공간 A와 B를 두고 임차를 고려하고 있다. 건물주는 동일한 임대료를 제안했다.

서소문에 소나무 숲 품은 176m 높이 프라임오피스
https://www.joongang.co.kr

2) AI 환경 데이터 분석: AI가 3D 도시 모델과 위성사진 기반 식생지수(NDVI) 데이터를 융합하여, 각 사무실의 창문에서 보이는 뷰를 시뮬레이션 한다. 사무실 A는 창밖으로 다른 빌딩의 회색 벽면이 주로 보이며, '조망 녹지율'이 "5%"에 불과하다. 반면, 사무실 B는 인근 공원이 한눈에 내려다보여 조망 녹지율이 "60%"에 달한다.

3) 가치 평가 모델링: AI가 과거 오피스 임대료 데이터와 수만 건의 직장인 만족도 설문 데이터를 학습한 결과, 조망 녹지율이 높은 오피스에서 근무하는 직원의 업무 몰입도가 평균 8% 높고, 창의적 아이디어 제안 빈도는 15% 높다는 경향을 발견한다. 이는 기업의 생산성과 직접적으로 연관되는 경제적 가치이다.

4) 결론: 이 분석 결과를 바탕으로, 사무실 B의 임대 가치는 A보다 최소 10% 이상 높게 책정되어야 한다는 객관적인 근거를 제시한다. 녹지 조망권이 단순한 심리적 만족을 넘어, 기업의 생산성에 기여하는 중요한 자산임을 입증하는 것이다.

구분	사무실 A	사무실 B
창밖 조망 특성	인접 건물 벽면	공원 조망
조망 녹지율 (AI 분석)	5%	60%
예상 직원 생산성 영향	기준 수준	업무 몰입도 8% 상승, 창의성 15% 상승
권장 임대료 차등률	기준가 100%	기준가 대비 +10%

이제 부동산의 가치는 단순히 입지나 면적과 같은 전통적 요인만으로 결정되지 않는다. 눈에 보이지 않는 쾌적성과 건강이라는 환경적 가치가 빅데이터와 AI를 통해 측정 가능하고, 비교 가능하며, 거래 가능한 자산이 되고 있다. 미래의 부동산 시장에서는 더 깨끗한 공기, 더 많은 녹지, 더 조용한 환경을 제공하는 공간이 가장 높은 가치를 인정받게 될 것이며, 이는 우리 도시의 지속가능한 발전을 이끄는 중요한 동력이 될 것이다.

4. 교통 접근성과 네트워크 중심성 지표와 도시부동산 가치 간의 관계와 가상사례

도시의 교통망은 인체의 혈관과도 같다. 혈액이 원활하게 흘러야 신체가 건강하듯, 사람과 물자의 흐름이 원활해야 도시의 활력이 넘치게 된다. 빅데이터와 AI는 이 혈관의 구조와 혈액의 흐름을 전례 없이 정밀하게 분석하여, 특정 부동산이 도시 전체의 네트워크 속에서 차지하는 진정한 위상과 가치를 밝혀내는 새로운 시대를 열고 있다.

4.1. 접근성과 중심성의 새로운 정의

과거의 입지 분석이 단순히 지하철역까지의 물리적 거리를 재는 수준이었다면, AI는 시간, 관계, 효율성을 종합하여 입지의 가치를 재정의한다.

1) **교통 접근성**(Transportation Accessibility): 이는 특정 지점까지 얼마나 '쉽게' 도달할 수 있는가를 의미하는 다차원적 개념이다. AI는 실시간 교통 데이터와 대중교통 운행 정보를 융합하여, 특정 시간대의 실제 이동 시간을 계산한다. 나아가 환승 횟수, 혼잡도, 보행로의 쾌적성까지 변수로 포함시켜, 사용자가 체감하는 종합적인 접근성 점수를 산출하는 것이다.

2) **네트워크 중심성**(Network Centrality): 이는 도시 전체의 교통망 속에서 특정 지점이 얼마나 중요한 '허브(Hub)' 역할을 하는지를 측정하는 지표이다. 사회 연결망 분석 이론을 도시 공간에 적용한 것으로, 주로 세 가지로 분석된다.

(1) **연결 중심성**(Degree Centrality): 특정 지점이 얼마나 많은 다른 지점(정류장, 교차로)과 직접 연결되어 있는지를 나타낸다. 환승역처럼 많은 노선이 교차하는 곳일수록 높은 값을 가진다.

(2) **매개 중심성**(Betweenness Centrality): 도시 내 임의의 두 지점 사이의 최단 경로상에 얼마나 자주 등장하는지를 측정한다. 이는 해당 지점이 도시 전체의 '흐름을 중개하는 힘'을 의미하며, 교통의 요충지일수록 높은 값을 가진다.

(3) **근접 중심성**(Closeness Centrality): 해당 지점에서 도시 내 다른 모든 지점까지 얼마나 쉽게, 즉 얼마나 짧은 시간에 도달할 수 있는지를 나타낸다. 도시 전체로의 평균 이동 시간이 짧을수록 높은 값을 가진다.

4.2. 가상 사례로 본 가치 분석

◆ 가상 사례 1: '숨겨진 환승 허브'의 재발견

서울↔김포·인천 10분 단축! 당산역 광역버스 환승센터 운영
https://mediahub.seoul.go.kr

1) **현안 과제:** 한 도시에 A와 B, 두 개의 버스 환승센터가 있다. A는 더 크고 경유하는 버스 노선 수도 많아(연결 중심성이 높다), 전통적으로 더 중요하게 평가되어 왔다.

2) **AI 네트워크 분석:** AI가 도시 전체의 수백만 건의 통행 기종점(OD) 데이터를 분석한 결과, A는 종점 역할이 강한 반면, B는 여러 핵심 주거지역과 업무지구를 잇는 최단 경로상에 훨씬 더 자주 등장함을 발견한다. 즉, B의 매개 중심성 점수가 A보다 '70%'나 높게 나타난다. 이는 수많은 사람들이 목적지로 가기 위해 반드시 B를 '거쳐' 가야 함을 의미하는 것이다.

3) **가치 재평가:** AI는 B가 비록 규모는 작아도, 도시 전체의 흐름을 제어하는 '숨겨진 허브'라고 판단한다. 이는 통행 인구를 대상으로 하는 광고, 편의점, 식음료(F&B) 업종의 잠재적 매출 가치가 A보다 훨씬 높을 수 있음을 시사한다. 이 분석은 B 환승 센터의 상업용 부동산 임대료를 상향 조정하는 객관적인 근거가 된다.

구분	A 환승센터	B 환승센터
전통적 지표	노선 수: 30개(규모가 큼)	노선 수: 18개(규모가 작음)
네트워크 중심성 (AI 분석)	- 연결 중심성: 9.5점 - 매개 중심성: 4.2점	- 연결 중심성: 6.8점 - 매개 중심성: 7.1점
네트워크 역할 해석	다수의 노선이 시작하고 끝나는 종점형 허브	도시의 주요 흐름이 거쳐 가는 경유형 핵심 허브
상업적 잠재가치 평가	100억 원	170억 원

◆ 가상 사례 2: '30분 생활권' 프리미엄의 정량화

1) 현안 과제: 부동산 개발사가 신축 아파트 단지의 입지적 가치를 잠재적 구매자에게 객관적인 수치로 제시하고자 한다.

2) AI 접근성 분석:

3) 데이터 융합: AI가 단지 위치를 중심으로, 실시간 교통 데이터, 대중교통 네트워크, 그리고 주요 편의시설(대형마트, 병원) 및 3대 업무지구(도심, 여의도, 강남)의 GIS 데이터를 융합한다.

4) '시간 거리' 분석: AI가 '30분 등시선(Isochrone)' 지도를 생성한다. 이는 출근 시간 기준으로 대중교통을 이용하여 30분 안에 도달할 수 있는 모든 영역을 시각화하는 것이다.

5) 가치 산정: 분석 결과, 해당 단지는 '30분 생활권' 내에 2개의 주요 업무지구, 5개의 종합병원, 10개의 대형마트를 포함하고 있음이 나타난다. AI는 과거 데이터를 학습하여, '30분 생활권' 내 핵심 업무지구가 1개 증가할 때마다 주택 가격이 7%, 종합병원이 1개 증가할 때마다 2% 상승한다는 모델을 통해, 해당 단지의 접근성 프리미엄을 약 16%(7)로 정량 화하여 제시한다.

구분	A 후보지	B 후보지
전통적 분석	지하철역 직선거리 800m	지하철역 직선거리 500m
'30분 생활권' 내 포함 시설 (AI 분석)	- 주요 업무지구: 1개 - 종합병원: 2개	- 주요 업무지구: 2개 - 종합병원: 5개
AI 기반 접근성 프리미엄	9%(7)	16%(7)
최종 개발 결정	후보지에서 제외	최종 개발 부지로 확정

교통 접근성과 네트워크 중심성 분석은 더 이상 단순한 거리 측정이 아니다. 그것은 빅데이터와 AI를 통해 도시 공간의 연결 구조와 효율성을 해석하는 고도의 분석 과학이다. 이 보이지 않는 네트워크의 가치를 정량 화함으로써, 우리는 도시부동산의 잠재력을 정확히 평가하고, 도시 전체의 흐름을 최적화하는 더 나은 도시계획을 수립할 수 있는 것이다.

5. 상권 변화 패턴이 상업용 부동산 가치에 미치는 영향 분석과 가상사례

상권은 살아있는 생태계와 같다. 새로운 가게들이 생겨나고 사람들이 모여들며 번성하다 가도, 어느 순간 매력을 잃고 쇠퇴의 길을 걷기도 한다. 빅데이터와 AI는 이 역동적인 상권의 생애주기를 과학적으로 분석하여, 상업용 부동산의 미래 가치를 예측하는 새로운 눈을 제공한다. 이는 마치 숲의 건강 상태를 분석하기 위해 나무의 개수 뿐만 아니라, 영양분의 흐름, 동물의 움직임, 계절의 변화까지 추적하는 것과 같다.

5.1. 상권의 생애주기: 성장과 쇠퇴의 패턴 분석

AI는 다양한 데이터를 융합하여 특정 상권이 현재 어떤 생애주기 단계에 있으며, 앞으로 어떤 방향으로 변화할지를 예측한다.

(1) **도입기**(Introduction): 소수의 트렌드세터들이 지역의 독특한 매력을 발견하는 단계이다. 소셜미디어에서 특정 골목이나 가게에 대한 언급이 서서히 증가하고, 신규 사업자 데이터상 특색 있는 소규모 가게들이 생겨나기 시작한다. 이때는 임대료가 저렴하여 잠재 가치가 높은 시기이다.

(2) **성장기**(Growth): 언론과 대중의 관심이 집중되며 생활인구와 카드 매출이 급격히 증가하는 단계이다. 공실률이 빠르게 하락하고, 본격적으로 임대료가 상승하기 시작한다. 외부 투자자들의 관심이 집중되는 시기이다.

(3) **성숙기**(Maturity): 성장이 안정화되고 대형 프랜차이즈가 진입하여 상권의 인지도가 최고조에 달하는 단계이다. 그러나 높은 임대료로 인해 초기의 독특한 가게들이 사라지고 상권이 획일화되는 경향을 보인다.

(4) **쇠퇴기**(Decline): 방문객들이 식상함을 느끼고 다른 새로운 상권으로 관심이 이동하는 단계이다. 매출과 유동인구가 감소하며 공실이 다시 증가하고, 부동산 가치가 하락할 위험이 커지는 시기이다.

AI의 역할은 유동인구, 카드 매출, 소셜미디어, 공실률 등 다양한 데이터를 융합하여 현재 단계를 진단하고, 각 단계의 전환 속도를 예측하여 투자나 정책 결정의 최적 시점을 알려주는 것이다.

5.2. 가상 사례로 본 상권 변화 분석

◆ 가상 사례 1: '젠트리피케이션'을 넘어 '상업적 사막화' 현상 예측

도시에 드리운 젠트리피케이션, 선택인가 순리인가
https://press.uos.ac.kr

1) **현안 과제:** 수년간 최고의 상권으로 명성을 누려온 '중심로'가 있다. 높은 임대료와 유명 프랜차이즈 매장들로 가득 차 있으며, 한 투자자가 이곳의 상가 건물 매입을 고려하고 있다.

2) **AI 생애주기 분석:** AI가 지난 5년간의 데이터를 분석한 결과, 겉보기와 다른 쇠퇴기 진입 신호를 포착한다.

(1) **유동인구 데이터:** 총 유동인구 수는 유지되지만, 상점과 거리에 머무는 평균 체류 시간이 3년 전 대비 30% 감소했다. 이는 사람들이 소비나 여가를 즐기기보다, 단순히 스쳐 지나가는 공간이 되고 있음을 의미한다.

(2) **카드 매출 데이터:** 총매출액은 유지되나, 결제 건수는 20% 감소하고 객단가는 상승했다. 이는 다양한 소비층이 사라지고 소수의 고가 브랜드 매장만 살아남는, 소비의 다양성이 사라지는 현상을 보여준다.

(3) **소셜미디어 분석:** '#중심로' 관련 게시물은 많으나, 감성 분석 결과 '지루하다', '특색 없다', '비싸기만 하다'와 같은 부정적 키워드의 비중이 급증했다.

3) **예측 및 결론:** AI는 이 상권이 성숙기를 지나, 높은 임대료 때문에 개성 있는 가게들이 모두 사라져 결국 소비의 매력을 잃는 '상업적 사막화(Commercial Desertification)' 단계에 진입했다고 진단한다. 향후 3년간 공실률이 현재의 5%에서 15%까지 증가할 것이라는 예측을 제시한다. 투자자는 이 데이터를 보고 현재의 높은 가치 뒤에 숨겨진 리스크를 인지하고 투자 계획을 철회한다.

지표	3년 전(성숙기)	현재(쇠퇴기 진입)	변화 해석
평균 체류 시간	45분	31분	상권의 매력도 하락, 경유 공간화
월평균 결제 건수	100만 건	80만 건	소비의 다양성 및 대중성 감소
소셜미디어 긍정 감성 점수	+0.75	+0.15	상권의 이미지 악화 및 관심도 하락
AI 상권 진단	안정적 성숙기	쇠퇴기 진입, 상업적 사막화 우려	

◆ 가상 사례 2: '콘텐츠'가 주도하는 비주류 상권의 부활

1) **현안 과제:** 도심의 낡고 잊혀진 '인쇄 골목'이 있다. 전통적인 분석으로는 상업적 가치가 거의 없다고 평가된다.

2) **AI 생애주기 분석:** AI가 이 지역에서 도입기의 강력한 신호를 포착한다.

(1) **신규 사업자 데이터:** 낡은 인쇄소가 문을 닫은 자리에 '독립 출판 서점', '디자인 문구점', '활판 인쇄 체험 공방' 등 기존의 '인쇄'라는

콘텐츠와 연결된 특색 있는 가게들이 등록되기 시작했다.

(2) **소셜미디어 분석:** 특정 취향을 가진 마니아층 사이에서 '#인쇄골목', '#레터프레스' 등의 해시태그가 급증하며 매우 높은 긍정 감성을 보인다.

(3) **기종점(OD) 분석:** 주말에 도시 전역에서 이 골목을 '목적지'로 설정하여 찾아오는 '목적 기반 방문객' 패턴이 발견된다.

3) **예측 및 결론:** AI는 이 상권이 비록 현재 매출과 유동인구는 미미하지만, 강력한 콘텐츠와 충성도 높은 방문객을 바탕으로 성장기로 진입할 잠재력이 매우 높다고 평가한다. 향후 2년간 임대 가치가 80% 상승할 것으로 예측한다. 부동산 회사는 이 예측을 바탕으로 낡은 인쇄소를 매입하여, 지역의 정체성을 살린 복합문화공간으로 개발하는 투자를 성공적으로 집행한다.

구분	일반적인 재개발 계획	콘텐츠 기반 활성화 계획(AI 예측)
분석의 근거	현재의 낮은 유동인구와 매출	소셜미디어 상의 관심도 및 신규 업종의 특성
개발 컨셉	저렴한 프랜차이즈 식당가	지역 정체성을 살린 복합문화공간
주요 타겟	인근 지역 주민	도시 전역의 특정 취향을 가진 목적 기반 방문객
예상 가치 상승률 (2년)	15%	80%

상업용 부동산의 가치는 더 이상 정적인 입지에 고정되어 있지 않다. 그것은 상권이라는 생태계의 생애주기와 그 변화의 패턴에 따라 끊임없이 변동하는 동적인 가치이다. 빅데이터와 AI는 이 보이지 않는 상권의 흥망성쇠 패턴을 과학적으로 분석하고 예측함으로써, 투자자와 개발자가 상업용 부동산의 미래 가치를 정확하게 판단하고, 더 나아가

도시의 상업 생태계를 건강하게 만드는 데 기여할 수 있는 강력한 도구가 되는 것이다.

6. 복합지표를 활용한 도시부동산 가치 영향도 산정 방법과 가상사례

도시부동산의 가치는 결코 하나의 요인으로 결정되지 않는다. 그것은 교통, 환경, 학군, 상권, 인구구조 등 수십, 수백 개의 요소가 서로 영향을 주고받으며 만들어내는 복잡한 결과물이다. 의사가 환자의 건강을 진단할 때 체온, 혈압, X-레이 등 다양한 정보를 종합하듯, AI는 수많은 데이터를 융합하여 부동산의 종합적인 가치를 판단하는 "복합지표(Composite Indicator)"를 산정한다. 이는 부동산 가치 평가를 단편적인 분석에서 총체적인 진단의 시대로 이끄는 혁신적인 방법론이다.

6.1. 복합지표의 구축 원리: 가치 요인의 가중치 부여

복합지표 산정의 핵심은 부동산 가치에 영향을 미치는 각 요인이 "얼마나 중요한지(가중치)"를 과학적으로 계산하고, 이를 종합하여 하나의 점수로 나타내는 것이다.

6.1.1. 복합지표 유형과 산출과정

(1) 데이터의 정규화(Normalization): 각기 다른 단위와 범위를 가진 데이터를 동일한 기준으로 변환하는 과정이다. 예를 들어, 수십억 원 단위의 '매매가'와 1점에서 10점 사이의 '치안 만족도' 점수는 직접 비교할 수 없다. 따라서 모든 데이터를 0과 1 사이의 값으로 변환하는 등, 같은 선상에서 비교할 수 있도록 단위를 통일시키는 것이다.

(2) **핵심 가치 동인(Key Value Drivers) 선정**: AI가 과거의 방대한 부동산 거래 데이터를 학습하여, 실제 가격 변동에 가장 큰 영향을 미쳤던 핵심 요인들을 식별한다. 예를 들어, AI는 특정 지역의 아파트 가격 변동에 학군 요소가 40%, 교통 접근성이 30%, 환경 쾌적성이 20%의 영향력을 가졌음을 발견할 수 있다.

(3) **AI 기반 가중치 산정(AI-based Weight Calculation)**: 머신 러닝 회귀 분석이나 의사결정 트리와 같은 AI 알고리즘을 통해 각 요인이 최종 가격에 기여하는 정확한 "가중치(weight)"를 도출한다. 예를 들어, '지하철역까지의 거리가 100m 가까워질 때마다 가격이 평균 3% 상승한다'는 식의 정밀한 관계 모델을 수립하는 것이다.

(4) **복합 가치 지수(Composite Value Index) 생성**: 마지막으로, 정규화된 각 요인의 점수에 AI가 산정한 가중치를 곱하고, 이를 모두 합산하여 해당 부동산의 종합적인 가치를 나타내는 단일 점수, 즉 복합 가치 지수를 생성한다.

6.1.2. 가상 사례로 본 가치 영향도 산정

◆ 가상 사례 1: '영유아 자녀 가구'를 위한 주거지 가치 평가

1) **현안 과제**: 3세 자녀를 둔 신혼부부가 같은 가격과 면적을 가진 두 아파트 A와 B를 두고 고민하고 있다. AI는 이 가족의 프로필에 맞춰 '영유아 가구 적합도 지수'라는 복합지표를 산정한다.

2) **AI 가중치 분석**: AI는 과거 유사 가구의 주거 선택 데이터를 학습한 결과, 이들에게는 보육 편의성(가중치: 30%)과 보행 안전성(가중치: 25%)이 교통 접근성(가중치: 15%)보다 훨씬 중요한 요소임을 알고 있다.

3) 데이터 분석 및 지수 산정:

(1) A 아파트: 지하철역은 가깝지만, 어린이집에 가려면 왕복 6차선 도로를 건너야 해 '보행 안전성' 점수가 낮다.

(2) B 아파트: 지하철역은 조금 더 멀지만, 단지 내에 국공립 어린이집이 있고 놀이터까지 차도를 건너지 않는 '보행 안전성'과 '보육 편의성' 점수가 매우 높다.

4) 결론: A 아파트가 교통 점수는 더 높지만, 가중치가 높은 안전 및 보육 항목에서 B 아파트가 압도적으로 높은 점수를 받는다. 그 결과, '영유아 가구 적합도 지수' 총점은 B 아파트가 더 높게 나타나며, AI는 이 가족에게 B 아파트를 최적의 선택지로 추천한다.

평가 항목	가중치	A 아파트 점수 (100점 만점)	A 가중 점수	B 아파트 점수 (100점 만점)	B 가중 점수
보육 편의성	30%	60점	18.0점	95점	28.5점
보행 안전성	25%	50점	12.5점	90점	22.5점
교통 접근성	15%	90점	13.5점	70점	10.5점
환경 쾌적성	15%	70점	10.5점	80점	12.0점
기타	15%	80점	12.0점	80점	12.0점

◆ 가상 사례 2: 상업용 부동산의 '성공 확률' 예측 모델

1) 현안 과제: 한 카페 프랜차이즈 본사가 두 개의 후보지 X와 Y 중 어디에 신규 지점을 열어야 할지 결정해야 한다.

2) AI 가중치 분석: AI는 과거 수천 개의 카페 데이터를 학습하여, 카페 입지의 성공에 가장 큰 영향을 미치는 요인이 유효 고객 특성(가중치: 40%)과 "경쟁 강도(가중치: -30%)"임을 알고 있다. 경쟁 강도의 가중치는 음수(-)인데, 이는 경쟁이 심할수록 성공 확률이 낮아짐을 의미한다.

노란 간판 때문에… 출혈경쟁 속 카페 점주들 '한숨'
https://www.inews24.com

3) 데이터 분석 및 지수 산정:

(1) X 후보지: 총 유동인구는 많지만 대부분 점심시간에 스쳐 지나가는 직장인이라 '유효 고객' 비중이 낮고, 반경 100m 내에 대형 경쟁 카페가 5개나 있어 '경쟁 강도'가 매우 높다.

(2) Y 후보지: 총 유동인구는 약간 적지만, 주말에 여가를 즐기러 온 방문객 비중이 높아 '유효 고객' 특성이 우수하고, 경쟁 카페는 1개뿐이라 '경쟁 강도'가 낮다.

4) 결론: AI가 각 항목의 점수에 가중치를 적용하여 '카페 입지 성공 확률 지수'를 산정한 결과, Y 후보지가 X 후보지보다 훨씬 높은 점수를 기록한다. 회사는 이 데이터를 바탕으로 Y 후보지에 신규 지점을 열기로 최종 결정한다.

평가 항목	가중치	X 후보지 점수 (100점 만점)	X 가중 점수	Y 후보지 점수 (100점 만점)	Y 가중 점수
유효 고객 특성	40%	50점	20.0점	90점	36.0점
경쟁 강도	-30%	20점(경쟁 심함)	-6.0점	80점(경쟁 약함)	-24.0점
총 유동인구	20%	90점	18.0점	80점	16.0점
임대료 수준	-10%	60점(비쌈)	-6.0점	70점(보통)	-7.0점
기타	20%	70점	14.0점	70점	14.0점

복합지표를 활용한 가치 영향도 산정은 부동산 평가를 단순한 요소의 나열에서 종합적인 가치 판단의 영역으로 끌어올리는 핵심적인 방법론이다. AI는 수많은 데이터 속에서 각 요인이 가치에 기여하는 정확한 무게(가중치)를 찾아내고, 이를 통해 특정 목적과 사용자에게 최적화된 맞춤형 가치 지수를 제공한다. 이것은 모든 부동산이 자신만의 고유한 '가치 DNA'를 갖게 됨을 의미하며, 우리는 비로소 그 DNA를 과학적으로 분석할 수 있게 된 것이다.

제5장

소셜미디어와 감성분석을 통한 도시부동산 브랜드와 이미지 평가

1. 소셜네트워크 데이터 마이닝을 통한 도시부동산 브랜드 가치 측정과 가상사례

부동산의 가치는 벽돌과 시멘트로만 결정되지 않는다. 사람들이 그 공간과 브랜드를 어떻게 인식하고, 어떤 이야기를 만들어내며, 어떤 감정을 느끼는지가 모여 보이지 않는 거대한 자산, 즉 "브랜드 가치(Brand Value)"를 형성한다.

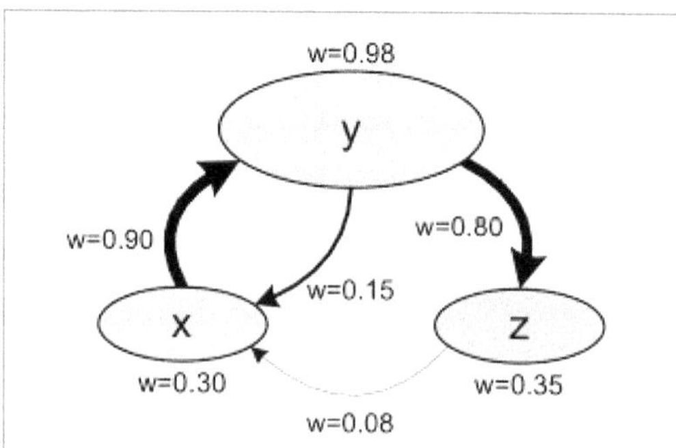

Social Network(사회 연결망) 란? (소셜 네트워크와 프로세스 마이닝)
https://process-mining.tistory.com

소셜 네트워크 데이터 마이닝은 마치 도시 전체의 집단 무의식에 접속하는 것과 같이, 사람들의 생생한 목소리를 데이터로 변환하여 이 추상적인 브랜드 가치를 과학적으로 측정하는 새로운 방법론이다.

1.1. 브랜드 가치 측정의 새로운 차원: 소셜 데이터 마이닝

소셜네트워크 데이터 마이닝은 특정 부동산 브랜드나 지역이 온라인 공간에서 어떻게 논의되는지를 분석하여 그 평판과 이미지를 객관적인 지표로 만드는 과정이다. 이는 익명 화되고 집계된 데이터를 기반으로 하며, 다음과 같은 핵심 분석 기법을 통해 이루어진다.

1.1.1. 소셜네트워크 데이터 마이닝의 분석 기법

(1) **버즈량 및 도달률 분석**(Buzz Volume & Reach Analysis): 특정 부동산 브랜드(예: '래미안', '자이')나 특정 지역(예: '성수동', '한남동')이 소셜미디어, 블로그, 뉴스 기사에서 얼마나 자주, 그리고 얼마나 널리 언급되는지를 측정하는 것이다. 이는 브랜드의 "인지도(Awareness)"와 시장 영향력을 나타내는 가장 기본적인 지표가 된다.

(2) **감성 분석 및 연관 키워드 분석**(Sentiment & Keyword Association Analysis): 단순히 언급된 횟수를 넘어, 그 내용의 긍정·부정 톤을 분석하는 감성 분석을 수행한다. 또한, 해당 브랜드가 어떤 키워드와 함께 언급되는지(연관 키워드 분석)를 통해 브랜드가 대중에게 어떤 이미지(Image)로 각인되어 있는지를 파악한다. 예를 들어, 특정 아파트 브랜드가 '고급', '커뮤니티', '조경'과 같은 키워드와 함께 자주 언급된다면, 이는 브랜드가 추구하는 가치가 시장에 잘 전달되고 있음을 의미한다.

(3) **영향력자 분석**(Influencer Analysis): 해당 브랜드를 '누가' 언급하는

지를 분석하는 것이다. 부동산 전문가, 유명 건축가, 혹은 수십만 팔로워를 가진 인플루언서의 긍정적 언급은 일반인의 언급보다 훨씬 큰 파급력을 가진다. AI는 각 언급의 영향력 점수를 계산하여 브랜드 가치에 차등적으로 반영하는 것이다.

■ 소셜네트워크 데이터 마이닝 분석기법을 유형별 목표, 분석방법, 역할, 도시부동산 활용예시

분석 기법	핵심 목표	도시부동산 활용예시
버즈량 및 도달률 분석	특정 브랜드나 지역의 온라인상 인지도와 시장 영향력을 정량적으로 측정하는 것을 목표로 한다.	신규 분양 아파트 브랜드 'A'의 출시 3개월간 버즈량을 측정하여, 경쟁 브랜드 'B' 대비 시장 인지도를 비교하고 마케팅 전략의 성공 여부를 판단한다.
감성 분석 및 연관 키워드 분석	대중이 브랜드나 지역에 대해 갖는 긍정/부정적 감성과 핵심 이미지를 파악하는 것을 목표로 한다.	특정 아파트 브랜드의 연관 키워드로 '고급', '조경'이 나타나는지, 혹은 '하자', '소음'이 나타나는지를 분석하여 브랜드의 실제 평판과 이미지를 관리한다.
영향력자 분석	브랜드나 지역에 대한 담론을 주도하는 핵심 영향력자(Key Opinion Leader) 를 식별하고, 그 파급력을 측정하는 것을 목표로 한다.	유명 부동산 유튜버가 특정 지역을 긍정적으로 평가했을 때, 해당 지역의 온라인 검색량과 버즈량이 얼마나 증가하는지를 분석하여 인플루언서 마케팅의 효과를 측정한다.

1.2. 가상 사례로 본 브랜드 가치 측정

◆ 가상 사례 1: 경쟁 아파트 브랜드의 가치 비교 분석

1) **현안 과제:** 한 자산운용사가 국내 대표 아파트 브랜드인 '팰리스'와 '캐슬'의 브랜드 가치를 정량적으로 비교하여 건설 부문 투자 전략을 수립하고자 한다.

2) AI 브랜드 가치 분석:

(1) **버즈량 분석:** 지난 1년간 '팰리스'의 온라인 언급량은 12만 건, '캐슬'은 10만 건으로, 인지도 면에서는 '팰리스'가 근소하게 앞서는 것으로 나타난다.

(2) **감성 및 연관어 분석:**

- '팰리스'는 긍정 감성 점수가 +0.8로 매우 높고, 연관 키워드는 '혁신 평면', '스마트홈', '최첨단' 등이 주를 이룬다.
- '캐슬'은 긍정 감성 점수가 +0.5이며, 연관 키워드는 '전통', '대단지', '안정감' 등이 많다.

(3) **가치 산정:** AI는 이 지표들을 종합하여 브랜드 가치를 산정한다. '팰리스'는 높은 긍정 감성과 미래지향적 이미지에 힘입어 브랜드 가치 프리미엄이 동일 입지 주택 가격의 "5%"에 해당한다고 산출한다. 반면, '캐슬'은 안정적이지만 다소 보수적인 이미지로 인해 "3%"의 프리미엄을 갖는다고 평가한다.

3) **결론:** 투자사는 단순히 언급된 양 뿐만 아니라, 브랜드의 질적인 이미지가 가치에 더 큰 영향을 미친다는 사실을 파악한다. 그들은 혁신 이미지를 가진 '팰리스' 브랜드의 건설사에 대한 투자를 확대하기로 결정한다.

구분	'팰리스' 브랜드	'캐슬' 브랜드
연간 온라인 버즈량	12만 건	10만 건
긍정 감성 점수(1점 만점)	+0.8점	+0.5점
핵심 연관 키워드	혁신 평면, 스마트홈, 최첨단	전통, 대단지, 안정감
브랜드 이미지 평가	미래지향적 혁신가	신뢰성 있는 계승자
AI 산정 브랜드 가치 프리미엄	주택 가격의 5%	주택 가격의 3%

◆ 가상 사례 2: 신규 상업시설의 '콘셉트 적합성' 사전 검증

https://www.segye.com

1) **현안 과제:** 한 개발사가 특정 지역에 대규모 복합 쇼핑몰을 건설할 계획이다. 이들은 '럭셔리 & 프리미엄'(A안)과 '체험 & 커뮤니티'(B안)라는 두 가지 브랜드 콘셉트를 두고 고민하고 있다.

2) **AI 콘셉트-시장 적합성 분석:**

(1) **데이터 마이닝:** AI가 해당 지역의 지난 2년간 소셜미디어 및 지역 온라인 커뮤니티 데이터를 마이닝한다.

(2) **지역 특성 발견:** 분석 결과, 해당 지역 주민들은 '명품'이나 '고가' 상품에 대한 언급보다 '원데이 클래스', '플리마켓', '반려견 산책', '동네 맛집' 등 경험과 교류에 대한 키워드를 5배 더 많이 사용하는 것으로 나타난다. 긍정 감성 또한 이러한 활동과 연결될 때 가장 높게 나타난다.

(3) **적합성 예측:** AI는 이 데이터를 근거로, '럭셔리' 콘셉트(A안)의 쇼핑몰이 들어설 경우 지역 주민들의 가치관과 충돌하여 외면받을 확률이 70%라고 예측한다. 반면, 지역 소상공인과 함께하는 플리마켓, 다양한 체험 공방 등을 포함하는 '체험 & 커뮤니티' 콘셉트(B안)의 쇼핑몰은 지역의 명소가 될 확률이 85%라고 예측한다.

3) 결론: 개발사는 수치화된 데이터 분석을 통해 초기 계획이었던 럭셔리 콘셉트를 폐기하고, 지역 주민의 가치관에 부합하는 체험 및 커뮤니티 콘셉트로 방향을 선회하여 프로젝트의 성공 확률을 극대화한다.

구분	A안: 럭셔리 & 프리미엄	B안: 체험 & 커뮤니티
타겟 가치	고급 소비, 과시적 가치	일상 경험, 관계적 가치
지역민 주요 관심사 (데이터 분석)	해당 사항 적음	원데이 클래스, 플리마켓, 동네 맛집 등
AI 산정 콘셉트 적합도 점수	35점/100점	92점/100점
예상 성공 확률	30% 미만	85% 이상

소셜네트워크 시대에 부동산의 브랜드 가치는 더 이상 건설사나 개발사가 일방적으로 만들어내는 것이 아니다. 그것은 수많은 사람들의 경험과 대화, 그리고 평가 속에서 실시간으로 형성되는 집단 지성의 산물이다. 소셜네트워크 데이터 마이닝은 이 보이지 않는 브랜드의 가치를 측정하고, 시장의 목소리에 귀 기울여 더 나은 공간을 창조하게 만드는 가장 강력한 도구인 것이다.

2. 온라인 리뷰와 평점 데이터의 부동산 가치 반영 메커니즘과 가상사례

과거 부동산의 평판은 소수의 이웃을 통해 구전되는 소문과 같았다. 하지만 이제는 온라인 플랫폼에 기록된 수백, 수천 개의 리뷰와 평점이 모여, 모든 부동산의 가치를 실시간으로 평가하는 거대한 공공의 성적표가 되고 있다. 빅데이터와 AI는 이 성적표를 정밀하게 분석하여, 과거에는 측정할 수 없었던 '평판'이라는 무형의 자산을 객관적인 가치로 변환시키는 메커니즘을 구축하고 있다.

2.1. 평판의 자본화: 리뷰와 평점 데이터의 가치 반영 메커니즘

온라인 리뷰와 평점 데이터가 부동산 가치에 반영되는 과정은 사용자의 주관적인 경험을 객관적인 데이터로 변환하여 가치 평가 모델에 통합시기는 방식으로 이루이진다.

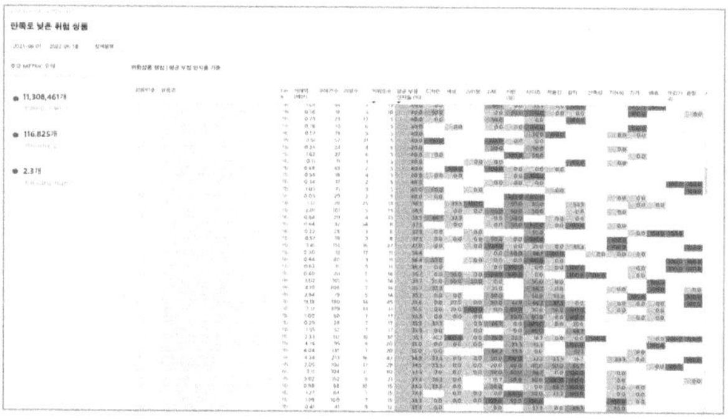

리뷰 데이터 분석으로 얻을 수 있는 3가지 인사이트
https://openads.co.kr/

2.1.1. 온라인 리뷰와 평점 데이터가 부동산 가치에 반영되는 분석과정

그 핵심적인 분석 과정은 다음과 같다.

(1) **데이터 수집 및 정제:** AI가 부동산 앱(직방, 다방), 지도 서비스(카카오맵, 네이버지도), 배달 앱, 지역 커뮤니티 등 다양한 플랫폼에서 특정 부동산이나 지역 상점에 대한 리뷰 텍스트와 평점(별점) 데이터를 수집한다. 이 과정에서 광고성, 중복, 허위 리뷰를 AI 알고리즘으로 걸러내는 정제 과정은 데이터의 신뢰도를 위해 필수적이다.

(2) **평점의 정량화:** 사용자가 매긴 평점은 이미 정량화된 데이터이다. AI는 이를 항목별(예: 교통, 안전, 소음, 관리)로 가중 평균을 내어, 해당 부동산의 종합 평판 점수를 산출한다.

(3) **리뷰 텍스트의 구조화:** AI가 자연어 처리(NLP)기술을 사용하여 비정형 데이터인 리뷰 텍스트를 분석 가능한 정보로 가공한다.

- 토픽 모델링(Topic Modeling): 리뷰에서 자주 언급되는 핵심 주제(예: '층간소음', '주차공간', '채광', '관리사무소 친절도')를 자동으로 추출한다.
- 감성 분석(Sentiment Analysis): 추출된 각 주제에 대한 사용자들의 긍정·부정 감성을 분석하여 점수화한다.

(4) **가치 반영 모델링:** AI가 과거의 수많은 부동산 거래 데이터와 위에서 분석된 평판 데이터를 함께 학습한다. 이를 통해 평판 지수가 1점 상승할 때 실제 부동산 매매가나 임대료가 평균 몇 퍼센트(%) 상승하는지에 대한 상관관계 모델을 구축하는 것이다.

2.2. 가상 사례로 본 리뷰와 평점의 가치 영향

◆ 가상 사례 1: 동일 스펙 오피스텔의 임대료 차이 분석

1) **현안 과제:** 한 부동산 투자회사가 같은 지역에 위치한 동일한 면적과 구조의 오피스텔 A와 B를 소유하고 있다. 두 오피스텔의 임대료는 같았지만, 유독 B 오피스텔의 공실률이 낮고 재계약률은 높은 현상이 나타난다.

2) **AI 리뷰 및 평점 분석:**

(1) **데이터 분석:** AI가 지난 2년간 두 오피스텔에 대한 부동산 앱과 온라인 커뮤니티의 리뷰 500건을 심층 분석한다.

(2) **평점 분석:** 종합 평점에서 A 오피스텔은 5점 만점에 3.5점, B 오피스텔은 4.7점으로 현저한 차이를 보인다.

(3) **리뷰 텍스트 분석:** A 오피스텔 리뷰의 핵심 부정 키워드는 '벽간소음', '택배 분실', '관리사무소 불친절'로 나타난다. 반면 B 오피스텔 리뷰의 핵심 긍정 키워드는 '조용함', '보안 철저', '신속한 민원 처리'로 나타난다.

3) **가치 평가:** AI 모델은 B 오피스텔의 높은 '거주 만족도 평판'이 낮은 공실률과 높은 재계약률로 이어지는 직접적인 원인이라고 판단한다. 모델 분석 결과, B 오피스텔은 A에 비해 약 8% 높은 임대료를 받아도 동일한 공실률을 유지할 수 있는 '평판 프리미엄'을 가지고 있다고 산출한다. 회사는 이 분석을 바탕으로 B 오피스텔의 임대료를 합리적으로 인상하고, A 오피스텔은 소음 및 보안 문제를 개선하여 자산 가치를 제고하는 전략을 수립한다.

구분	A 오피스텔	B 오피스텔
종합 평점(5점 만점)	3.5점	4.7점
핵심 부정 키워드	벽간소음, 택배 분실, 관리 소홀	거의 없음
핵심 긍정 키워드	거의 없음	보안 철저, 조용함, 신속 민원
AI 분석에 따른 평판 가치	기준 가치	기준 가치 대비 +8% (평판 프리미엄)
자산 관리 전략	문제점 개선을 통한 가치 회복	가치에 부합하는 임대료 현실화

◆ 가상 사례 2: 배달앱 평점을 활용한 상가 가치 재평가

https://www.donga.com/news

1) 현안 과제: 한 건물주가 1층에 위치한 두 개의 식당 상가 X와 Y의 임대차 계약 갱신을 앞두고, 두 상가의 실질 가치를 재평가하고자 한다.

2) AI 리뷰 및 평점 분석:

(1) 데이터 융합: AI가 전통적인 상권 분석 데이터와 함께, 배달앱과 지도 서비스에 등록된 두 식당의 평점 및 리뷰 데이터를 융합하여 분석한다.

(2) 데이터 분석: X 식당은 배달앱 평점이 3.2점이며, 리뷰에는 '음식이 식어서 온다', '배달 실수' 등 운영 능력에 대한 부정적 내용이 많다. 반면, Y 식당은 배달앱 평점이 4.8점으로 매우 높고, 리뷰에는 '포장 꼼꼼', '재주문 의사 100%' 등 긍정적 내용이 지배적이다.

3) 가치 평가: AI는 해당 상가의 가치가 단순히 입지에만 있는 것이 아니라, 그곳에서 영업하는 임차인의 운영 능력에도 크게 영향을 받는다고 분석한다. 평판이 좋은 Y 식당이 있는 상가는 안정적인 현금 흐름을 창출하고, 상가 건물 자체의 이미지에도 긍정적 영향을 준다. AI는 Y 상가가 가진 '운영 안정성 가치'가 X 상가보다 15% 높다고 평가한다. 건물주는 이 데이터를 근거로 우량 임차인인 Y 식당과의 장기 계

약을 추진하고, X 식당 임차인에게는 운영 개선을 요구하여 자산 가치를 방어하는 전략을 구사한다.

구분	X 상가(레스토랑)	Y 상가(레스토랑)
데이터 소스	배달앱, 지도 서비스	배달앱, 지도 서비스
종합 평점(5점 만점)	3.2점	4.8점
주요 리뷰 키워드	배달 실수, 맛 변함, 불친절	재주문 의사, 포장 꼼꼼, 맛있음
AI 분석에 따른 운영 안정성	낮음 (임차인 리스크 존재)	매우 높음 (우량 임차인)
상가 가치 조정률	기준가 대비 -5%	기준가 대비 +10%

온라인 리뷰와 평점 데이터는 사용자들의 집단적인 경험과 지혜를 부동산 가치에 직접 연결하는 강력한 메커니즘이다. 과거에는 숨겨져 있던 건물의 관리 상태, 이웃과의 관계, 상가의 실제 운영 능력 등 미시적이고 질적인 정보들이 이제는 평판이라는 이름의 새로운 자산으로 정량화되고 있다. 미래의 부동산 가치는 이러한 사용자의 목소리를 경청하고 반영하는 능력에 의해 크게 좌우될 것이다.

3. 뉴스 빅데이터와 자연어처리를 활용한 도시부동산 시장 심리 분석과 가상사례

부동산 시장은 이성적인 계산만으로 움직이지 않는다. 때로는 비이성적인 공포와 탐욕이라는 거대한 집단 심리에 의해 좌우되기도 한다. 과거에는 이러한 시장의 심리를 설문조사나 전문가의 직관에 의존해 어림짐작할 뿐이었다.

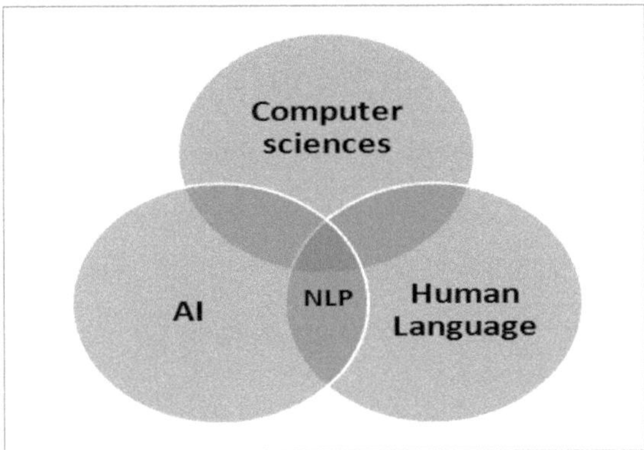

https://www.mdpi.com

그러나 이제 빅데이터와 AI는 매일 쏟아지는 수만 건의 뉴스 기사를 분석하여, 시장 참여자들의 보이지 않는 심리를 객관적인 지표로 측정하고 미래를 예측하는 새로운 길을 열고 있다.

3.1. 시장 심리 분석의 원리: 뉴스의 언어를 정량화하다

뉴스 빅데이터와 자연어처리(NLP)를 활용한 시장 심리 분석은 비정형 텍스트 데이터인 뉴스 기사를 AI가 읽고 이해하여, 그 안에 담긴 시장에 대한 긍정·부정 톤을 정량화하는 과정이다.

(1) **데이터 수집 및 키워드 필터링:** AI가 포털, 언론사 사이트 등에서 '부동산', '아파트', '금리', '재개발' 등 핵심 키워드가 포함된 뉴스 기사를 매일 실시간으로 수집한다. 이는 분석의 정확도를 높이기 위한 첫 번째 단계이다.

(2) **자연어처리(NLP) 기반 감성 분석:** AI가 수집된 기사의 제목과 본문을 문장 단위로 분석하여 긍정, 부정, 중립의 감성 톤(sentiment tone)을 판단한다. AI는 사전에 학습된 감성 사전을 기반으로 '급

등', '호황', '기대감'과 같은 단어는 긍정으로, '급락', '거래절벽', '위기'와 같은 단어는 부정으로 분류하는 것이다.

(3) **시장 심리 지수(Market Sentiment Index) 산출:** 매일 분석된 뉴스의 긍정 기사 비율과 부정 기사 비율을 계산하여, 이를 하나의 지수로 만든다. 예를 들어, 워런 버핏의 투자 지표에서 영감을 얻은 '부동산 시장 공포-탐욕 지수'를 0부터 100까지의 점수로 산출할 수 있다. 50을 기준으로 그 이상은 긍정(탐욕)심리가, 그 미만은 부정(공포) 심리가 시장에 우세함을 의미한다.

(4) **토픽 모델링을 통한 이슈 분석:** AI가 특정 시점에 시장 심리를 움직이는 핵심 이슈가 무엇인지를 자동으로 찾아낸다. 예를 들어, 현재 시장의 불안감이 '금리 인상' 때문인지, '정부 규제' 때문인지, 아니면 '공급 과잉' 우려 때문인지를 객관적으로 파악할 수 있다.

3.2. 가상 사례로 본 시장 심리 분석

◆ 가상 사례 1: 부동산 시장의 변곡점(Turning Point) 예측

1) **현안 과제:** 부동산 가격이 연일 최고치를 경신하며 호황을 누리고 있는 시점이다. 전통적인 시장 지표는 여전히 강세를 보이고 있으나, 한 투자은행은 AI 뉴스 분석을 통해 숨겨진 위험 신호를 포착하고자 한다.

2) **AI 뉴스 심리 분석:**

(1) **시장 심리 지수 추적:** AI가 산출한 '부동산 시장 탐욕 지수'는 여전히 75점으로 '극단적 탐욕' 단계를 보이고 있다. 그러나 지난 3주간 지수의 상승세가 둔화되고 정체되는 패턴을 보인다.

(2) **토픽 및 키워드 분석:** AI가 이 미세한 변화의 원인을 분석한다. 긍정 기사에서는 여전히 '신고가', '상승'이 많지만, 부정 기사에서 이전에는 거의 없던(3) '대출 이자 부담', '역전세난', '지방 미분양 증가'와 같은 새로운 부정 키워드의 출현 빈도가 지난달 대비 300% 급증했음을 포착한다.

3) **예측 및 결론:** AI는 겉보기에는 호황이지만, 수면 아래에서는 시장 참여자들의 피로감과 잠재적 리스크에 대한 우려가 확산되고 있다고 진단한다. 이는 시장의 변곡점이 임박했음을 시사하는 강력한 조기 신호이다. AI는 3~6개월 내에 시장이 하락세로 전환할 확률이 "70%"라고 경고한다. 투자은행은 이 분석을 바탕으로 보유 자산의 비중을 선제적으로 줄여 리스크를 관리한다.

구분	전통적 시장 분석	AI 뉴스 심리 분석
분석 지표	주택 가격 지수, 거래량	시장 심리 지수, 신규 부정 키워드
현재 시장 진단	강력한 상승 추세 지속	상승 에너지 둔화, 잠재적 리스크 확산
미래 예측	단기적 상승세 유지	3~6개월 내 시장 변곡점 도래 가능성 높음
가상 투자 전략	자산 보유 및 추가 매수	선제적 리스크 관리 및 자산 비중 조절

◆ 가상 사례 2: 지역별 개발 정책에 대한 여론 분석

1) **현안 과제:** 정부가 A 지역에는 '첨단 산업단지 조성'을, B 지역에는 '대규모 주거 신도시 건설'이라는 두 가지 대형 개발 정책을 동시에 발표했다. 정부는 각 정책에 대한 시장의 반응을 신속하게 파악하고자 한다.

안산시, 도시첨단산업단지 조성 본궤도
https://www.kgmaeil.net/news

2) AI 뉴스 심리 분석:

(1) **데이터 분석**: AI가 정책 발표 후 일주일간 두 프로젝트와 관련된 모든 뉴스 기사, 사설, 전문가 칼럼을 분석한다.

(2) **A 프로젝트(산업단지)**: 시장 심리 지수가 85점(매우 긍정)으로 나타난다. 핵심 긍정 키워드는 '일자리 창출', '미래 성장 동력', '국가 경쟁력'이며, 부정 키워드는 거의 발견되지 않는다.

(3) **B 프로젝트(신도시)**: 시장 심리 지수가 35점(부정 우세)으로 나타난다. 긍정 키워드는 '내 집 마련', '주택 공급' 등도 있으나, 부정 키워드로 '투기 조장', '교통 지옥', '자족 기능 부족'이 압도적으로 많이 출현한다.

3) **정책적 시사점**: AI 분석 결과, 시장은 A 프로젝트에 대해서는 매우 긍정적으로 반응하며 미래 가치를 높게 평가하는 반면, B 프로젝트에 대해서는 긍정적 효과보다 부작용에 대한 우려가 훨씬 크다는 것을 명확히 보여준다. 정부는 이 데이터를 바탕으로 B 프로젝트의 문제점으로 지적된 교통 및 자족 기능 문제를 보완하는 추가 대책을 즉시 발표하여 부정적 여론을 완화하고 정책의 성공 가능성을 높이는 것이다.

구분	A 프로젝트(첨단 산업단지)	B 프로젝트(대규모 신도시)
시장 심리 지수 (100점 만점)	85점(매우 긍정)	35점(부정 우세)
핵심 긍정 키워드	일자리 창출, 미래 성장, 국가 경쟁력	내 집 마련, 주택 공급
핵심 부정 키워드	거의 없음	투기 조장, 교통 지옥, 자족 기능 부족
정책적 시사점	투기 조장, 교통 지옥, 자족 기능 부족	부작용 우려 해소를 위한 정책 보완 시급

뉴스 빅데이터와 자연어처리는 시장의 집단 심리라는 보이지 않는 안개를 걷어내고, 그 안에 숨겨진 기대와 불안의 지형도를 보여주는 강력한 레이더와 같다. 이를 통해 우리는 시장 참여자들의 심리적 동인을 이해하고, 가격 등락의 이면에 있는 진짜 이유를 파악하며, 미래 시장의 방향을 한 발 앞서 예측할 수 있는 통찰을 얻게 되는 것이다.

4. 인플루언서 활동이 특정 지역 도시부동산 가치에 미치는 영향과 가상사례

디지털 시대의 '인플루언서(Influencer)'는 도시의 공간과 장소에 새로운 이야기를 불어넣는 현대의 이야기꾼이다. 과거에는 잡지나 방송과 같은 소수의 미디어만이 장소의 가치를 정의했다면, 이제는 수많은 인플루언서가 만들어내는 콘텐츠가 대중의 인식을 바꾸고, 사람들의 발걸음을 이끌며, 궁극적으로는 특정 지역 부동산의 가치를 움직이는 강력한 힘이 되고 있다. 빅데이터와 AI는 이 보이지 않는 영향력의 실체를 데이터로 증명하고 그 경제적 가치를 측정하는 새로운 도구를 제공한다.

4.1. 인플루언서 영향력의 데이터화와 가치 평가 모델

인플루언서 활동이 부동산 가치에 미치는 영향을 분석하는 것은 그들의 콘텐츠가 만들어내는 파급효과를 단계별로 추적하고 정량화하는 과정이다.

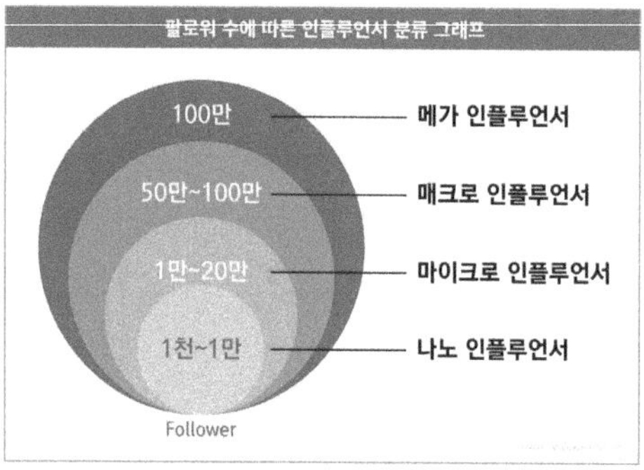

인플루언서 마케팅과 전략적 SEO https://seo.co.kr

(1) **영향력자 식별 및 등급화:** AI가 소셜미디어 데이터를 분석하여 특정 지역이나 부동산 유형에 대해 자주 언급하는 계정을 식별한다. 팔로워 수, 게시물 평균 참여율(좋아요, 댓글), 콘텐츠의 전문성 등을 기준으로 메가 인플루언서(Mega), 매크로 인플루언서(Macro), 마이크로 인플루언서(Micro) 등으로 영향력 등급을 분류하는 것이다.

(2) **콘텐츠 확산 및 파급효과 분석:** 특정 인플루언서의 게시물이 공개된 후, 관련 키워드와 해시태그가 일반 대중에게 얼마나 빠르게, 그리고 얼마나 넓게 퍼져나가는지를 추적한다. 이는 버즈량의 급증 패턴과 연관 검색어 변화를 통해 측정된다.

(3) **실질 행동 전환율 분석:** 온라인상의 관심이 오프라인의 실제 행동으로 이어지는지를 검증하는 것이 핵심이다. 인플루언서가 특정 상

권을 소개한 주말, 해당 지역의 휴대폰 기지국 유동인구 데이터와 신용카드 매출 데이터가 얼마나 증가했는지를 분석하여 실질 행동 전환율을 계산한다.

(4) **가치 영향 모델링:** AI가 과거 데이터를 학습하여, 특정 등급의 인플루언서가 긍정적 콘텐츠를 게시했을 때, 해당 지역의 단기 유동인구, 중기 상업 매출, 그리고 장기적인 상가 임대료 및 부동산 가격에 미치는 상관관계 모델을 구축한다.

4.2. 가상 사례로 본 인플루언서의 가치 창출 효과

◆ 가상 사례 1: 죽은 상권 살리는 '마이크로 인플루언서' 군집 효과

1) **현안 과제:** 의 오래된 골목으로 공실률이 높았던 '소월길'이 있다. 전통적인 상권 분석으로는 회복 가능성이 낮다고 평가되었다.

2) **인플루언서 분석:**

(1) **데이터 분석:** AI가 지난 6개월간의 인스타그램 데이터를 분석한다. 팔로워 1~5만 명 사이의 마이크로 인플루언서(특정 분야의 취향이 뚜렷한) 50여 명이 약속이나 한 듯이 '소월길'의 새로 생긴 작은 가게(카페, 서점, 공방)들을 집중적으로 소개하기 시작한 현상을 포착한다.

(2) **파급효과 추적:** 이들의 콘텐츠가 확산되면서, '#소월길데이트' 해시태그가 3,000% 증가하고, 주말 20대 여성의 유동인구가 평소 대비 70% 증가했으며, 해당 골목의 카페 카드 매출이 120% 증가한 것으로 나타난다.

3) **평가 및 예측:** AI는 이 '마이크로 인플루언서 군집 효과'가 지역 상권에 진정성 있는 매력을 부여하고, 목적성 있는 방문객을 유치하는

핵심 동력이라고 판단한다. AI는 이 추세가 지속될 경우, 6개월 내 해당 지역의 상가 공실률이 현재 20%에서 5%로 감소하고, 임대료는 30% 상승할 것이라고 예측한다.

구분	인플루언서 활동 이전 (6개월 전)	인플루언서 활동 이후 (현재)
핵심 영향력자	거의 없음	마이크로 인플루언서 50여 명
월평균 관련 해시태그 수	150건	4,650건
주말 20대 여성 유동인구	1,000명	1,700명
상가 공실률 예측(6개월 후)	22%(악화)	5%(개선)
임대료 상승률 예측(6개월 후)	-5%(하락)	+30%(상승)

◆ 가상 사례 2: 부동산 개발 프로젝트의 가치 극대화 전략

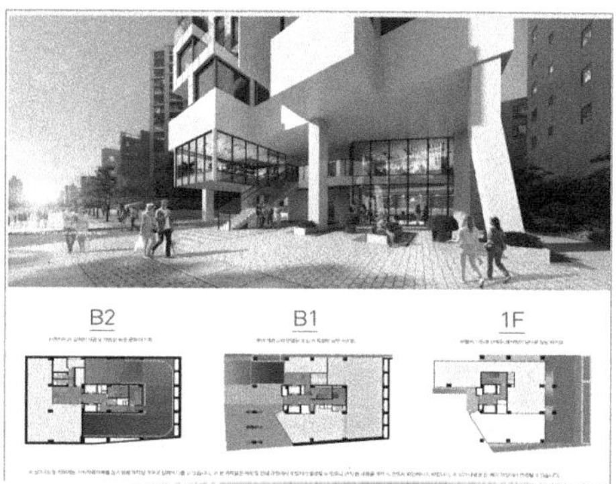

강남에 신규 하이엔드 주상복합 '더 포레스트
https://www.e2news.com

1) 현안 과제: 한 개발사가 강남에 신규 하이엔드 주상복합 '더 포레스트'를 분양하며, 브랜드 가치를 극대화하고자 한다.

2) AI 기반 인플루언서 전략:

(1) **타겟 분석:** AI가 프로젝트의 타겟 고객(30-40대 고소득 전문직)이 주로 팔로우하는 인플루언서 유형을 분석한다. 그 결과, '건축 전문 크리에이터', '인테리어 디자이너', '미슐랭 셰프', '유명 갤러리 관장' 등이 높은 영향력을 가짐을 발견한다.

(2) **전략적 협업:** 개발사는 이 분석을 바탕으로, 단순 연예인 광고 대신 각 분야의 전문 인플루언서들과 협업한다. 건축가는 건물의 디자인 철학을, 인테리어 디자이너는 내부 공간의 가치를, 셰프는 상가에 입점할 레스토랑의 가치를 소개하는 전문적인 콘텐츠를 제작하게 한다.

3) **성과 측정 및 가치 산정:** 캠페인 이후, '더 포레스트' 관련 온라인 버즈의 긍정 감성 점수는 95점을 기록하고, 부정적 언급은 거의 없었다. AI는 이 전문적인 콘텐츠가 만들어낸 신뢰도 높은 브랜드 이미지가 아파트의 초기 분양가에 약 "7%"의 인플루언서 프리미엄을 추가했다고 정량적으로 평가한다.

구분	전통적 연예인 광고 캠페인(가상)	AI 기반 전문 인플루언서 캠페인(실행)
주요 메시지	"유명인이 선택한 프리미엄 라이프"	"전문가가 인정한 건축, 공간, 미식의 가치"
온라인 긍정 감성 점수	65점	95점
핵심 브랜드 이미지	비싸고 화려함	신뢰성, 전문성, 높은 안목
브랜드 가치 기여도(AI 분석)	3%	7%
분양가에 미치는 영향(30억 기준)	+9,000만 원	+2억 1,000만 원

인플루언서 활동은 더 이상 일시적인 유행이나 마케팅 수단을 넘어, 도시의 특정 지역과 부동산의 가치를 실질적으로 창출하고 변화시키는 새로운 변수가 되었다. 빅데이터와 AI는 이 보이지 않는 영향력의 흐름을 포착하고, 그 경제적 가치를 정량화하며, 나아가 이를 전략적으로 활용할 수 있는 길을 열어주고 있다. 미래의 부동산 가치 분석은 이러한 디지털 시대의 새로운 스토리텔러들의 힘을 이해하는 것에서부터 시작될 것이다.

5. 재해 및 사건사고 관련 정보의 도시부동산 가격 충격 분석과 가상사례

도시부동산은 단단한 땅 위에 세워진 안전자산으로 인식되지만, 예기치 못한 재해나 사건사고라는 외부 충격 앞에서는 순식간에 그 가치가 흔들릴 수 있다. 과거에는 이러한 충격의 여파를 시간이 한참 지난 뒤에야 거래 가격의 하락으로 체감할 수 있었다.

하지만 이제 빅데이터와 AI는 마치 도시의 위험을 감지하는 정교한 지진계(seismograph)처럼, 재난 발생 즉시 그 충격의 강도와 예상 피해 범위를 분석하여 부동산 가치에 미칠 영향을 실시간으로 예측하는 새로운 시대를 열고 있다.

5.1. 리스크의 계량화: 재해·사고 정보의 가치 충격 분석 모델

재해 및 사건사고 관련 정보가 부동산 가치에 미치는 영향을 분석하는 모델은 갑작스러운 부정적 이벤트의 발생과 그 파급효과를 데이터 기반으로 추적하고 정량화하는 과정이다.

(1) **이벤트 탐지 및 데이터 수집:** AI가 뉴스 속보, 재난안전안내문자, 소셜미디어, 온라인 커뮤니티 등을 24시간 모니터링하여 재해(자연재해: 태풍, 홍수, 지진) 및 "사건사고(인적재난: 대형 화재, 강력 범죄, 시설 붕괴)"의 발생을 실시간으로 탐지한다.

(2) **영향 범위의 공간적 특정:** AI가 GIS 데이터를 활용하여 이벤트가 발생한 정확한 위치와 그 영향이 미칠 지리적 범위를 특정한다. 예를 들어, 홍수 발생 시 침수 예상 구역을, 강력 범죄 발생 시 해당 범죄가 지역의 '안전 인식'에 영향을 미칠 범위를 설정하는 것이다.

(3) **충격 강도 및 지속 기간 분석:** AI가 뉴스 빅데이터 분석과 소셜미디어 감성 분석을 통해 해당 이벤트에 대한 사회적 관심도와 부정적 여론의 강도를 측정한다. '부정적 버즈량'이 많고 오래 지속될수록 부동산 가격에 미치는 충격의 강도와 지속 기간이 길다고 판단한다.

(4) **가격 충격 모델링:** AI가 과거 유사한 재해나 사건사고 발생 시, 영향권 내 부동산의 가격과 거래량이 어떻게 변화했는지를 학습한 모델을 통해, 현재 발생한 이벤트가 향후 가격에 미칠 예상 하락률과 가치 회복 소요 기간을 예측한다.

1.5.2. 가상 사례로 본 가격 충격 분석

◆ 가상 사례 1: 집중호우로 인한 특정 지역의 침수와 부동산 가치 변화

1) **현안 과제:** 2026년 8월 14일 저녁, 수도권지역의 특정 저지대 주거지역인 'A 지구'에 시간당 100mm의 기록적인 폭우가 쏟아져 일부 지역이 침수되었다고 가정한다.

2) **AI 실시간 충격 분석:**

(1) **이벤트 탐지:** AI가 재난 문자, 뉴스 속보, SNS의 '#A지구침수' 게시물 급증을 통해 이벤트를 실시간으로 탐지한다.

시간당 100mm 폭우 수도권 관통…곳곳 고립·침수
https://www.ccnn.co.kr

(2) **영향 범위 특정:** AI가 GIS의 수치표고모델(DEM) 데이터와 강수량 데이터를 결합하여, A 지구 내에서도 침수 피해가 집중된 구역을 50m 격자 단위로 정밀하게 지도 위에 시각화한다.

(3) **가격 충격 예측:** AI는 과거 침수 사례 학습 모델을 통해, 침수 구역 내 1층 및 반지하 주택의 가치는 단기적으로 15~20% 하락하고, 정상 수준으로 회복하는 데 약 24개월이 소요될 것이라고 예측한다. 침수되지 않았더라도, 같은 A 지구 내 다른 주택들 또한 '침수 위험 지역'이라는 부정적 인식으로 인해 단기적으로 '5%'의 가격 하락이 예상된다고 분석한다.

3) **활용:** 보험사는 이 데이터를 통해 예상 손해액을 즉시 추산하고, 자산관리회사는 포트폴리오의 리스크를 재평가하며, 정부는 이재민 지원 및 방재 대책을 수립하는 데 이 분석 결과를 활용하는 것이다.

구분	침수 구역 내 부동산	동일 지역 내 비침수 구역 부동산
AI 탐지된 핵심 리스크	물리적 피해, 침수 재발 우려	'침수 위험 지역'이라는 부정적 인식 확산
예상 가격 하락률(단기)	-15% ~ -20%	-5%

예상 가치 회복 소요 기간	약 24개월	약 9개월
주요 대응 주체	보험사, 정부(재난 지원), 자산 소유주	자산관리회사, 잠재적 매수자

◆ 가상 사례 2: 강력 범죄 발생이 지역의 '안전 프리미엄'에 미치는 영향

1) **현안 과제**: 조용하고 안전하여 높은 '안전 프리미엄'을 누려온 고급 주택가 '평화동'의 공원에서, 언론에 대대적으로 보도된 강력 범죄가 발생했다고 가정한다.

2) AI 평판 리스크 분석:

(1) **데이터 분석**: AI가 사건 발생 후 한 달간의 뉴스 기사와 온라인 부동산 커뮤니티의 텍스트 데이터를 분석한다.

(2) **감성 및 키워드 변화**: '평화동'과 함께 언급되는 키워드가 과거의 '살기 좋은', '조용한', '아이 키우기 좋은'에서, '불안한', 'CCTV 설치 시급', '밤길 무서움' 등으로 급격히 변화했다. 부정 감성 지수가 80점(100점 만점)까지 치솟는다.

(3) **가치 영향 평가**: AI는 과거 유사 사례 학습을 통해, 이와 같은 강력 범죄는 해당 지역의 '안전 프리미엄'을 일시적으로 소멸시키는 효과가 있음을 발견한다. 모델은 이 부정적 인식이 희석되고 과거의 평판을 회복하는 데 약 18개월이 걸릴 것이며, 이 기간 동안 '안전 프리미엄'에 해당하는 "약 7%"의 가치가 하락한 상태에서 거래될 확률이 높다고 예측한다.

3) **활용**: 잠재적 주택 매수자는 이 분석을 바탕으로 매수 결정을 보류하거나, 하락한 가치를 반영하여 매도자와 가격 협상을 시도할 수 있다. 지자체는 CCTV 추가 설치 등 주민 불안을 해소할 정책을 신속하게 추진할 근거를 얻게 되는 것이다.

구분	사건 발생 이전	사건 발생 이후(1개월)
핵심 연관 키워드	살기 좋은, 조용한, 고급 주택가	불안한, CCTV, 밤길 무서움
부정 감성 지수(100점 만점)	12점	80점
'안전 프리미엄' 가치	+7%(인근 지역 대비)	소멸(0%)
가치 회복 예상 기간	-	약 18개월

재해 및 사건사고 정보 분석은 도시부동산이 가진 잠재적 취약성을 데이터 기반으로 측정하고 관리하는 새로운 영역이다. 빅데이터와 AI는 갑작스러운 외부 충격이 부동산 가치에 미치는 영향을 실시간으로 분석하고 그 파급효과와 지속 기간을 예측함으로써, 투자자와 자산 관리자, 그리고 도시 정책 결정자가 더 빠르고 정확하게 리스크에 대응할 수 있도록 돕는다. 이것은 부동산의 가치를 안정적으로 유지하고 관리하는 필수적인 기술이 될 것이다.

6. 정부 부동산 정책 발표와 부동산 시장 반응의 실시간 모니터링과 가상사례

정부의 부동산 정책 발표는 잔잔한 호수에 던져진 거대한 돌과 같다. 과거에는 그 돌이 만들어낸 물결이 한참 뒤에 해안가에 도달했을 때(실거래가 변화) 비로소 그 파급효과를 알 수 있었다. 하지만 빅데이터와 AI는 돌이 물에 닿는 순간의 물보라, 파장의 방향, 그리고 즉각적인 시장의 반응을 실시간으로 포착하는 고속 카메라와 같다. 이는 정책의 효과를 즉시 측정하고 시장과 소통하는 "증거 기반 정책(evidence-based policy)"의 시대를 여는 것이다.

6.1.정책 반응 모니터링 시스템의 작동 원리

정책 반응 실시간 모니터링 시스템의 핵심은 정책 발표 직후, 아직 공식 통계에는 잡히지 않는 시장 참여자들의 미세한 심리와 행동 변화를 "실시간 데이터 스트림(real-time data streams)"을 통해 포착하는 데 있다.

AI가 추적하는 핵심 데이터는 다음과 같다.

(1) **뉴스 및 소셜미디어 데이터:** AI가 정책 발표 즉시 관련 뉴스 기사, 전문가 칼럼, 블로그, 온라인 커뮤니티 게시물을 수집한다. 자연어처리(NLP) 기술을 통해 해당 정책에 대한 긍정·부정 감성과 핵심 쟁점 키워드(예: '세금 부담', '공급 확대')를 실시간으로 분석하는 것이다.

(2) **온라인 검색 데이터:** 특정 정책과 관련된 검색어(예: '양도세 완화 조건', '3기 신도시 청약 자격')의 검색량 변화를 추적한다. 이는 대중의 관심도와 정보 탐색 행태를 가장 즉각적으로 보여주는 지표가 된다.

(3) **부동산 플랫폼 데이터:** 부동산 포털(예: 호갱노노, 직방)에 등록된 매물의 증감, 매물 가격의 변화(호가), 그리고 특정 단지나 지역의 조회 수 및 관심 등록 수의 변화를 분 단위로 모니터링한다.

AI는 이 모든 데이터를 융합하여, 정책에 대한 시장의 반응을 나타내는 '정책 반응 종합 지수(Policy Reaction Index)'를 생성하고, 정책 입안자에게 즉각적인 피드백을 제공한다.

6.2. 가상 사례로 본 정책 반응 모니터링

◆ 가상 사례 1: '부동산 대출 규제 완화' 정책 발표 후 시장 반응

1) **현안 과제:** 정부가 침체된 주택 시장 활성화를 위해 주택담보대출비율(LTV) 상향 등 대출 규제 완화 정책을 발표했다고 가정한다.

2) AI 실시간 모니터링(발표 후 24시간) :

(1) **뉴스 및 커뮤니티 분석**: 긍정 감성이 "75%"로 우세하게 나타난다. 핵심 키워드는 '숨통 트인다', '내 집 마련 기회', '거래 활성화 기대'이다.

(2) **검색량 분석**: '주택담보대출 한도', '특례보금자리론' 등의 검색량이 발표 직후 3시간 만에 평소 대비 1,500% 폭증한다.

(3) **부동산 플랫폼 분석**: 수도권 주요 아파트 단지의 매물 소유자들이 "호가(asking price)"를 평균 3% 상향 조정하고, 일부는 등록했던 매물을 회수하는 현상이 실시간으로 포착된다.

3) **정책 효과 예측**: AI는 이 데이터를 바탕으로, 이번 정책이 시장의 매수 심리를 즉각적으로 자극했으며, 단기적으로 거래량 증가와 가격 상승 압력으로 작용할 것이라고 진단한다. 정부는 이 긍정적 반응을 확인하고 정책의 성공적 안착을 위해 홍보를 강화한다.

시간 경과	발표 직후	3시간 후	24시간 후
뉴스/커뮤니티 반응	긍정 감성 급증(75%)	긍정 여론 확산, 기대감 키워드 지배	긍정 여론 유지
검색량 변화	관련 검색어 폭증 시작	핵심 검색어 검색량 +1,500%	높은 검색량 유지
부동산 플랫폼 반응	매물 조회 수 급증 (+500%)	호가 상향 조정(+3%) 시작	매물 회수 현상 발생
시장 반응 요약	기대감 형성	매수 심리 자극	매도 우위 시장으로의 전환 신호

◆ 가상 사례 2: '다주택자 양도세 중과' 정책에 대한 지역별 반응 차이

1) **현안 과제**: 정부가 투기 수요 억제를 위해 다주택자의 양도소득세 중과 정책을 발표했다고 가정한다.

2) AI 실시간 모니터링(발표 후 1주일): 시스템이 정책 반응을 전국 평균뿐만 아니라, 지역별로 세분화하여 분석한다.

(1) **전국 평균 반응:** 시장 심리 지수는 40점(약간 부정)으로 나타난다.

(2) **강남 3구 분석:** 부정 감성이 80%로 매우 높다. '세금 폭탄', '매물 잠김', '거래 절벽 심화' 등의 키워드가 지배적이다. 부동산 플랫폼에서는 매물이 전주 대비 15% 급격히 감소하는 현상이 뚜렷하게 나타난다.

(3) **수도권 외곽 및 지방 분석:** 긍정 감성이 65%로 우세하다. '집값 안정 기대', '투기 근절', '실수요자 중심 시장' 등의 키워드가 많이 보인다. 매물량에는 큰 변화가 없다.

3) **정책적 시사점:** AI 분석을 통해, 동일한 정책이 지역별로 완전히 다른 반응을 낳고 있음을 명확히 인지한다. 즉, 다주택자가 많은 강남 지역에서는 매물 잠김 현상이라는 부작용을, 다른 지역에서는 시장 안정화에 대한 기대감을I. 낳고 있음을 파악한다. 정부는 이 데이터를 근거로 강남 지역의 매물 유도를 위한 추가적인 보완책(예: 한시적 퇴로 마련)을 검토할 수 있는 근거를 확보하는 것이다.

구분	강남 3구	기타 지역
시장 심리 지수 (100점 만점)	25점(매우 부정)	65점(긍정 우세)
핵심 키워드	세금 폭탄, 매물 잠김, 거래 절벽	집값 안정, 투기 근절, 실수요자
매물 변화(1주일)	-15%(급감)	변동 없음
정책 효과 해석	공급 위축 부작용 발생	시장 안정화에 대한 기대감 형성
향후 정책 방향	부작용 완화를 위한 보완책 검토	정책 효과 지속 모니터링

정부 정책과 시장 반응에 대한 실시간 모니터링은 "증거 기반 정책(evidence-based policy)"을 실현하는 핵심적인 기술이다. 이는 정책 입안자들이 자신들의 결정이 시장에 미치는 영향을 즉각적으로 확인하고, 예상치 못한 부작용이 발생했을 때 신속하게 정책을 수정 및 보완할 수 있는 강력한 "정책 피드백 루프(policy feedback loop)"를 제공한다. 결국 이는 정책의 실패 확률을 줄이고, 더 안정적이고 예측 가능한 부동산 시장을 만드는 데 기여하는 것이다.

제 2 부

AI 알고리즘이
부동산 가치를 알려준다

제6장

AI 알고리즘과 부동산 가치 예측 모델

1. 지도학습 기반 회귀모델의 부동산 가치 예측 구조와 가상 사례

AI를 활용한 부동산 가치 예측의 가장 핵심적인 엔진은 지도학습(Supervised Learning) 기반의 "회귀모델(Regression Model)"이다. 이는 마치 정답이 적힌 수많은 문제지를 풀어본 학생이 새로운 문제의 답을 맞힐 수 있게 되는 것과 같다. AI에게 과거의 수많은 부동산 정보(문제)와 그 당시의 실제 거래 가격(정답)을 함께 학습시켜, 가격이 결정되는 복잡한 '공식'을 스스로 터득하게 만드는 것이다.

1.1.부동산 가치 예측의 AI 엔진: 지도학습 회귀 모델

지도학습 회귀 모델은 명확한 입력(원인)과 출력(결과)의 관계를 기반으로 작동한다. 그 구조는 크게 세 단계로 이루어진다.

(1) 학습 데이터(Training Data) 준비: 모델을 학습시키기 위한 재료를 준비하는 과정이다.

(2) 독립변수(X, Independent Variables): 부동산의 가치에 영향을 미치는

원인이 되는 모든 데이터이다.(예: 면적, 층수, 준공 연도, 지하철역까지의 거리, 학군 등급, 소음 수준, 공기질 데이터 등).

(3) **종속변수**(Y, Dependent Variable): 예측하고자 하는 결과값, 즉 실제 과거 거래 가격이다. 지도학습의 핵심은 이처럼 '정답(Y)'이 있는 데이터를 사용하여 AI를 가르친다는 것이다.

(4) **모델 학습**(Model Training): 준비된 데이터를 AI에게 학습시키는 과정이다. AI는 수만, 수백만 건의(X, Y) 데이터 쌍을 보고, 다양한 회귀 알고리즘(선형 회귀, 랜덤 포레스트, 그래디언트 부스팅 등) 을 사용하여 독립변수(X)와 종속변수(Y)사이의 복잡한 수학적 관계(함수)를 스스로 찾아낸다. 이 과정은 변수들 사이의 최적의 '공식'을 발견해나가는 과정과 같다.

(5) **예측**(Prediction): 학습이 완료된 모델을 실제로 활용하는 단계이다.

(1) 정답(과거 거래 가격)이 없는 새로운 부동산의 독립변수(X) 데이터(면적, 층수 등)를 학습된 모델에 입력한다.

(2) 그러면 모델은 학습을 통해 발견한 관계(공식)에 이 새로운 데이터를 대입하여, 해당 부동산의 "미래 가치(Y)"를 구체적인 숫자로 예측해내는 것이다.

1.2. 가상 사례로 본 회귀 모델의 예측 구조

◆ 가상 사례 1: 아파트 자동 시세평가 모델(AVM) 개발

1) **현안 과제**: 한 은행이 주택담보대출 심사의 속도와 정확성을 높이기 위해 "자동 시세 평가 모델(Automated Valuation Model)"을 구축하고자 한다.

A guide to AVMs , https://bridgingandcommercial.co.uk

2) **지도학습 회귀 모델 구축:**

(1) **학습 데이터:** 과거 5년간 서울 지역 아파트 실거래 데이터 10만 건을 사용한다.

- '독립변수(X): 전용면적, 층수, 총 세대수, 준공 연도, 지하철역까지의 실제 도보 시간, 초등학교까지의 거리, 한강 조망 가능 여부(0 또는 1) 등 50여 개의 변수이다.
- '종속변수(Y): 실제 거래 가격이다.

(2) **모델 학습 및 예측:** AI가 이 데이터를 학습하여 가격 결정 공식을 찾아낸다. 이제 대출 신청이 들어온 새로운 아파트(예: 잠실 B 아파트 15층)의 정보(X)를 모델에 입력한다. 그러면 AI는 학습된 모델을 통해 "이 아파트의 예측 가치는 21억 5천만 원입니다."와 같이 구체적인 가격(Y')을 오차범위와 함께 예측한다.

3) **결론:** 이 모델을 통해 은행은 대출 심사 시간을 획기적으로 단축하고, 심사역의 주관을 배제한 일관성 있고 객관적인 기준에 따라 담보 가치를 평가할 수 있게 된다.

구분	내용
모델 입력 (Input)	[새로운 아파트 정보: 독립변수 X] - 소재지: 서울특별시 송파구 잠실동 B 아파트 - 전용면적: 84.9㎡ - 층수: 15층 - 준공 연도: 2018년 - 지하철역 도보 시간: 7분 - 한강 조망 가능: 1(가능)
모델 출력 (Output)	[AI 예측 결과: 종속변수 Y'] - 예측 시장가: 21억 5,000만 원 - 신뢰구간(95%) : 20억 8,000만 원 ~ 22억 2,000만 원

◆ 가상 사례 2: 상가 임대료 예측 및 공실 리스크 관리

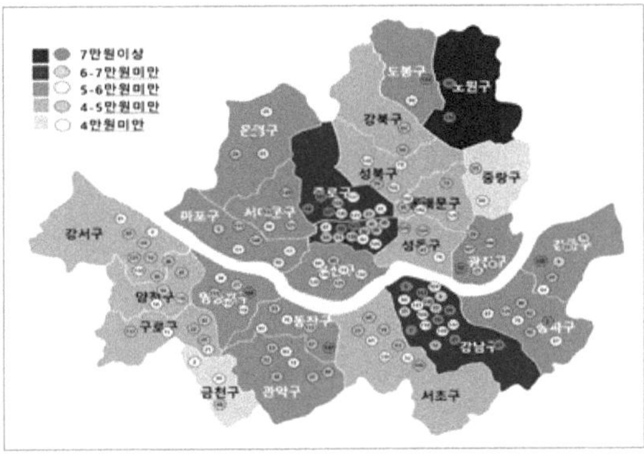

서울 주요상권 월 임대료 평균 348만원
https://www.khan.co.kr/

1) 현안 과제: 한 자산운용사가 신규 매입한 상가 건물의 적정 임대료를 책정하고, 미래의 공실 위험을 관리하고자 한다.

2) 지도학습 회귀 모델 구축:

(1) 학습 데이터: 서울 주요 상권의 상가 임대차 계약 데이터 5만 건을 사용한다.

• 독립변수(X): 면적, 층수, 일평균 유동인구(통신사 데이터), 반경 50m 내 경쟁 점포 수, 소셜미디어 버즈량, 지하철역 출구와의 거리 등이다.

• 종속변수(Y): 실제 월 임대료와 계약 기간 내 공실 발생 여부(0 또는 1) 이다.

(2) **모델 학습 및 예측:** 새로운 상가(예: 홍대 C 상가)의 정보(X)를 모델에 입력한다. AI는 두 개의 모델을 통해 각각의 값을 예측한다.

• 임대료 예측 모델(회귀): "이 상가의 적정 월 임대료는 850만 원입니다."

ㅍ공실 리스크 모델(분류): "이 임대료로 계약 시, 1년 내 공실이 발생할 확률은 "15%"입니다."

3) **결론:** 운용사는 이 예측 모델을 활용하여, 단순히 높은 임대료를 고수하기보다 공실 리스크를 최소화하는 최적의 임대료를 책정하고, 안정적인 자산 운용 전략을 수립한다.

구분	내용
모델 입력 (Input)	[새로운 상가 정보: 독립변수 X] - 소재지: 서울특별시 마포구 서교동 C 상가 - 면적: 66㎡(1층) - 일평균 유동인구: 8,500명 - 경쟁 점포 수: 4개 - 소셜미디어 버즈량: 750건/월
모델 출력 (Output)	[AI 예측 결과: 종속변수 Y'] 1. 적정 임대료 예측(회귀): 월 850만 원 2. 공실 리스크 예측(분류): 1년 내 공실 발생 확률 15%

지도학습 기반 회귀 모델은 부동산 가치 평가를 소수 전문가의 경험과 직관의 영역에서, 데이터 기반의 과학적 예측의 영역으로 이동시킨 핵

심 기술이다. 수많은 과거의 사례로부터 가치가 형성되는 복잡한 패턴을 스스로 학습한 AI는, 이제 우리에게 특정 부동산의 미래 가치에 대한 가장 합리적이고 객관적인 예측을 제공하는 강력한 파트너가 된 것이다.

2. 비지도학습을 활용한 군집 분석과 도시부동산 가치 패턴 발견과 가상사례

만약 지도학습이 정답지가 있는 문제지를 푸는 과정이라면, "비지도학습(Unsupervised Learning)"은 아무런 사전 정보 없이 미지의 대륙을 탐험하는 것과 같다. 탐험가(AI)는 정해진 목적지 없이, 지형, 기후, 식생 등 데이터의 특성만을 가지고 스스로 유사한 지역끼리 묶어 새로운 지도를 그려 나간다.

이처럼 정답 없이 데이터의 내재된 구조와 패턴을 찾아내 그룹으로 묶는 기법을 "군집 분석(Cluster Analysis)"이라고 하며, 이는 우리가 미처 인지하지 못했던 도시의 새로운 유형과 질서를 발견하게 하는 강력한 도구이다.

2.1. 숨겨진 도시의 지도를 그리다: 비지도 군집 분석의 원리

비지도 군집 분석은 예측할 대상, 즉 종속변수(Y, 정답) 없이, 주어진 데이터(독립변수 X)의 유사성만을 기반으로 작동한다.

그 핵심적인 원리는 다음과 같다.

(1) **데이터 준비:** 정답(예: 과거 거래 가격)이 없는 다양한 부동산 및 도시 데이터(예: 주택 유형, 평균 연령, 소득 수준, 상업시설 종류, 유동인구 패턴 등)를 준비한다.

(2) **유사성 정의:** AI가 데이터들을 다차원 공간상의 점으로 인식하고, 각 점들 사이의 '거리'를 계산하여 유사성을 측정한다. 다양한 특성들을 가진 두 지역의 데이터 포인트가 이 공간상에서 서로 가까이 위치할수록, 두 지역은 유사한 그룹이라고 판단하는 것이다.

(3) **군집화 알고리즘 적용:** AI가 "K-평균 군집화(K-Means Clustering)"나 "계층적 군집화(Hierarchical Clustering)"와 같은 알고리즘을 사용하여, 유사한 데이터(가까운 점들)끼리 묶어 여러 개의 군집(Cluster), 즉 데이터 덩어리를 형성한다.

(4) **군집 해석 및 명명:** 분석가는 AI가 찾아낸 각 군집이 어떤 공통적인 특성을 갖는지 심층적으로 해석하고, 그에 맞는 새로운 이름을 부여한다. 예를 들어, 한 군집은 '고소득 1인 가구가 밀집한 신흥 업무지구 배후 주거지'와 같이, 기존에는 없던 새로운 지역 유형으로 정의될 수 있다.

2.2. 가상 사례로 본 군집 분석의 패턴 발견

◆ 가상 사례 1: 서울시 동네 유형의 재분류

1) **현안 과제:** 한 도시행정가 또는 도시계획가가 행정구역이라는 인위적인 경계를 넘어, 서울의 동네들이 가진 실제 기능과 특성에 따라 도시를 새롭게 이해하고자 한다.

2) **비지도 군집 분석 수행:**

(1) **데이터:** 서울시 모든 동(洞)에 대해 수집된 30여 개의 데이터(1인 가구 비율, 평균 연령, 아파트/빌라 비율, 지하철 접근성, 평당 카페 수, 학원 수, 공원 면적 등)를 사용한다.

(2) **AI 군집화:** AI에게 정답 없이 "가장 유사한 특성을 가진 동네끼리

묶어보라"고 지시한다. AI가 데이터를 분석하여 서울을 5개의 새로운 기능적 군집으로 재 분류한다.

3) **결론:** 이 분석은 기존의 행정구역 지도를 넘어, 도시의 실제 기능과 특성에 기반한 새로운 도시 지도를 제공한다. 이는 각 군집의 특성에 맞는 맞춤형 도시계획(예: 군집 2에는 청년 주택 공급, 군집 1에는 교육 환경 개선) 및 부동산 개발 전략을 수립하는 데 결정적인 근거가 된다.

군집 번호	AI가 부여한 군집 이름	주요 특징	대표적인 동 (예시)
군집 1	고소득 학군 중심 주거지	높은 학원 수, 중대형 아파트 비율, 40대 인구 비중 높음	대치동, 목동
군집 2	청년 1인 가구 중심 역세권 상업지	높은 1인 가구 비율, 높은 지하철 접근성, 카페/주점 밀집	홍대입구, 신림역
군집 3	신흥 IT 업무지구 배후 주거지	30대 인구 및 오피스텔 비율 높음, 주중 주간 생활인구 급증	마곡동, 가산동 인근
군집 4	전통적 저밀도 주거지	낮은 지하철 접근성, 단독/다세대 주택 비율 높음, 노년층 비중 높음	수유동, 불광동
군집 5	도심 직주근접 고급 주거지	높은 소득 수준, 높은 부동산 가격, 직주근접성 우수	한남동, 성수동 일부

◆ 가상 사례 2: 상업용 부동산의 숨겨진 '성공 공식' 발견

1) **현안 과제:** 한 프랜차이즈 본사가 단순히 유동인구만 보고 카페 입지를 선정하는 방식의 한계를 느끼고, 성공하는 카페들의 숨겨진 패턴을 찾고자 한다.

2) **비지도 군집 분석 수행:**

(1) **데이터:** 서울 시내 5,000개 카페의 데이터(임대료, 유동인구, 주변 경쟁 점포 수)와 함께, 해당 카페의 소셜미디어 데이터(언급량, 감성 점수), 카드 매출 데이터(객단가, 재방문율)를 정답 없이 입력한다.

(2) AI 군집화: AI가 이 카페들을 4개의 특징적인 군집으로 분류한다.

3) 결론: 이 분석을 통해, 유동인구가 적더라도 명확한 콘셉트와 높은 고객 충성도를 가진 '군집 2' 유형의 카페가, 유동인구는 많지만 경쟁이 치열한 '군집 3' 유형보다 장기적인 생존율과 수익성이 훨씬 높다는 새로운 성공 공식을 발견한다. 이는 신규 창업자에게 기존의 상식과 다른 중요한 인사이트를 제공하는 것이다.

군집 이름	주요 데이터 특징	성공/실패 요인	주요 입지 예시
고유동- 박리다매형	유동인구 매우 높음, 객단가/재방문율 낮음	높은 인지도를 통한 매출 발생	강남역, 명동
목적성 방문- 고객 충성형	유동인구 낮음, 재방문율/긍정 감성 매우 높음	명확한 콘셉트와 높은 고객 충성도	연희동, 망원동 골목
과다 경쟁- 수익 악화형	유동인구 및 경쟁 점포 수 모두 매우 높음	높은 매출에도 불구하고 과도한 경쟁으로 수익성 악화	홍대입구, 성수동 카페거리
무관심- 폐업 고위험형	모든 지표가 낮음	낮은 인지도와 매력도로 인한 고객 유치 실패	특색 없는 주택가

비지도학습 기반의 군집 분석은 우리가 미처 인지하지 못했던 도시의 숨겨진 질서와 패턴을 발견하게 하는 강력한 탐험 도구이다. 이는 기존의 분류 체계를 넘어, 데이터 스스로가 말하게 함으로써 도시와 부동산 시장을 바라보는 새로운 관점과 세분화된 전략을 제시한다. 정답 없는 문제 속에서 새로운 해답의 실마리를 찾아내는 것, 이것이 바로 비지도학습이 가진 진정한 가치인 것이다.

3. 강화학습 기반 도시부동산 가치 예측 시뮬레이션 방법과 가상사례

만약 지도학습이 정답지를 보고 배우는 것이고, 비지도학습이 사전 정보 없이 탐험하는 것이라면, "강화학습(Reinforcement Learning)"은 마치 체스나 바둑을 두는 인공지능처럼 수많은 대국(시뮬레이션)을 통해 스스로 이기는 방법을 터득하는 과정과 같다. AI에게 정답을 알려주는 대신, '최대 수익'이나 '최적의 도시 환경'이라는 '목표(보상)'를 설정해주면, AI 에이전트는 목표 달성을 위한 최적의 행동 전략을 시행착오를 통해 스스로 학습한다. 이는 단순한 미래 예측을 넘어, '최적의 의사결정'을 내리는 AI의 등장을 의미한다.

3.1. 최적의 수를 찾아가는 AI: 강화학습의 원리

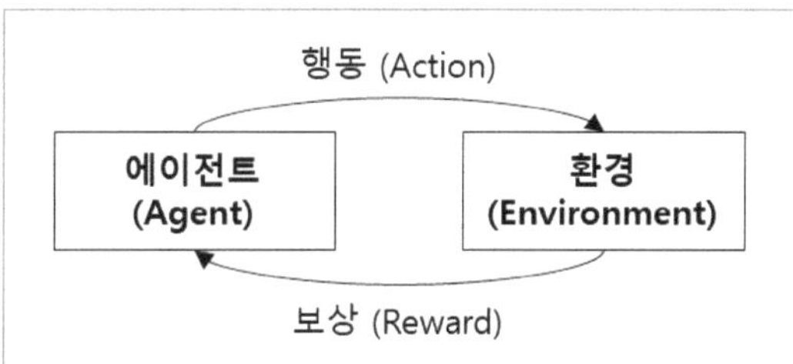

퀀티랩 블로그 - 강화학습(reinforcement learning)이란?
https://blog.quantylab.com

강화학습은 의사결정의 주체인 "에이전트(Agent)"가 주어진 환경(Environment) 속에서 자신의 "상태(State)"를 인식하고, 어떤 "행동(Action)"을 취했을 때 가장 큰 "보상(Reward)"을 얻을 수 있는지를 학습하는 메커 G 즘이다.

(1) **에이전트(Agent):** 의사결정의 주체이다. 이는 부동산 개발사, 투자자, 혹은 도시 정책 입안자가 될 수 있다.

(2) **환경(Environment):** 에이전트가 상호작용하는 가상의 도시부동산 시장이다. 여기에는 금리, 건축비, 정부 정책, 인구구조 등 모든 외부 변수가 포함된다.

(3) **상태(State):** 특정 시점의 환경을 나타내는 정보다.(예: 현재의 금리, 공실률, 주택 가격 지수).

(4) **행동(Action):** 에이전트가 특정 상태에서 취할 수 있는 선택지이다.(예: '개발 착수', '자산 매각', '용도 변경', '관망').

(5) **보상(Reward):** 특정 행동의 결과로 주어지는 긍정적 또는 부정적 피드백이다. 최종 목표는 이 누적 보상을 최대화하는 것이다.(예: '최대 수익률', '최저 공실률', '최대 공공 이익').

AI 에이전트는 현재 상태에서 어떤 행동을 취하고 그 결과로 보상을 받는 과정을 수백만 번 반복하면서, 어떤 상태에서 어떤 행동을 취하는 것이 장기적으로 가장 큰 누적 보상을 가져다 주는지, 즉 "최적의 정책(Optimal Policy)"을 스스로 학습하게 되는 것이다.

3.2. 가상 사례로 본 강화학습 시뮬레이션

◆ 가상 사례 1: AI 개발사의 최적 택지 개발 전략 시뮬레이션

1) **현안 과제:** 한 부동산 개발사(에이전트)가 대규모 택지를 매입한 후, 향후 10년간의 개발 전략을 수립하여 수익을 극대화하고자 한다.

2) **강화학습 시뮬레이션:**

(1) **환경:** 금리, 건축비, 정부의 LTV 규제, 주변 지역의 인구 변화 등 미래가 불확실한 변수들을 포함한 가상 부동산 시장이다.

[월요기획] "수도권 신도시·택지지구 막차 잡아라"
https://m.dnews.co.kr

(2) **행동:** 에이전트는 매년 '즉시 개발', '1년 후 개발', '토지 분할 매각', '주거용으로 개발', '상업용으로 개발' 등 다양한 행동을 선택할 수 있다.

(3) **보상:** 10년 후의 최종 누적 수익률을 최대화하는 것이 보상이다.

3) AI의 학습 결과: AI가 수백만 번의 시뮬레이션을 실행한 결과, 놀라운 전략을 발견한다. 초기 2년간은 금리 인상과 건축비 상승이 예상되므로 관망(아무것도 하지 않음) 하는 것이 최적이고, 3년차에 토지의 30%를 분할 매각하여 현금을 확보한 뒤, 4년차부터 나머지 70%를 주거-상업 복합단지로 개발하는 것이 누적 수익률을 극대화하는 최적의 경로임을 찾아낸다. 이는 인간의 직관이나 단편적인 시장 분석으로는 찾아내기 어려운, 시간과 외부 환경 변화를 모두 고려한 동적인 최적화 전략이다.

구분	인간의 직관 기반 전략	강화학습 기반 최적 전략
핵심 전략	시장이 좋을 때 최대한 빨리 개발	시장 상황에 따라 행동을 바꾸는 동적 전략
연차별 주요 행동	1~2년차: 즉시 개발 착수 3~10년차: 순차적 분양	1~2년차: 관망 3년차: 일부 토지 매각 4~10년차: 복합 개발
리스크 관리	초기 시장 악화 시 리스크에 그대로 노출	유연한 대응으로 초기 리스크 회피
가상 최종 수익률	35%	55%

◆ 가상 사례 2: 도시계획가의 최적 용도지역(Zoning) 정책 시뮬레이션

1) 현안 과제: 한 도시행정가(에이전트)가 낙후된 준공업 지역을 재개발하여, 향후 20년간 '시민 행복 지수'를 극대화하고자 한다.

2) 강화학습 시뮬레이션:

(1) 환경: 인구 이동, 교통 혼잡도, 환경 오염도, 지역 경제(세수) 등을 포함한 가상 도시 모델이다.

(2) 행동: 에이전트는 '주거지역으로 변경', '상업지역으로 변경', '공원/녹지로 변경', '첨단산업 R&D 단지로 변경' 등의 정책 카드를 선택할 수 있다.

(3) 보상: 녹지율, 최저 실업률, 평균 통근 시간, 주거 만족도 등을 종합한 '시민 행복 지수'를 최대화하는 것이 보상이다.

3) AI의 학습 결과: AI 시뮬레이션 결과, 단기적인 세수 확보를 위해 전체를 상업지역으로 바꾸는 것은 교통 혼잡과 녹지 부족을 유발하여 5년 후부터 행복 지수를 급격히 하락시킨다는 것을 학습한다. 반면, 전체 면적의 40%는 R&D 단지로 지정하여 양질의 일자리를 만들고, 30%는 직주근접형 주거지로, 나머지 30%는 중앙 공원으로 지정하는 복합용도 개발이 장기적으로 시민 행복 지수를 가장 높게 유지하는 최적의 정책임을 발견한다. 이는 단기적 이익이 아닌, 여러 가치가 상충하는 복잡한 도시 문제에서 장기적인 공공의 이익을 극대화하는 최적의 해법을 찾는 것이다.

정책 시나리오	100% 상업지역	100% 주거지역	강화학습 최적안 (복합용도)
20년 후 일자리 변화	+5,000개	-2,000개	+15,000개
20년 후 평균 통근 시간	55분	25분	20분
20년 후 녹지율	5%	15%	30%
최종 '시민 행복 지수'	45점	60점	92점

강화학습은 부동산 가치 평가를 단순 예측을 넘어 최적의 전략을 탐색하는 차원으로 끌어올리는 궁극의 기술이다. AI 에이전트는 불확실한 미래라는 거대한 게임판 위에서 수백만 번의 시뮬레이션을 통해 승리를 위한 최상의 경로를 스스로 학습한다. 이는 개발자와 투자자에게는 수익 극대화의 길을, 도시계획가에게는 공공의 이익을 실현하는 최적의 정책 조합을 제시하는 강력한 의사결정 지원 도구가 되는 것이다.

4. 딥 러닝(Deep Learning)의 모델 별 도시부동산 가치 평가 방법과 가상사례

만약 전통적인 통계 분석이 단순한 계산기라면, 머신러닝은 복잡한 공학용 계산기이며, "딥러닝(Deep Learning)은 인간의 뇌신경 구조를 모방한 초고성능 인공지능 컴퓨터와 같다. 딥러닝은 수많은 데이터 속에 숨겨진 매우 복잡하고 비선형적인 패턴을 스스로 학습하여, 과거에는 분석할 수 없었던 이미지나 시계열 데이터까지 가치 평가의 영역으로 끌어들였다. 이는 부동산의 가치를 이해하는 방식의 근본적인 도약을 의미하는 것이다.

4.1. 도시를 이해하는 인공신경망: 딥러닝 모델별 접근법

딥러닝은 여러 층의 인공 뉴런으로 구성된 "인공신경망(Artificial Neural Network)"을 기반으로 하며, 분석하고자 하는 데이터의 종류와 특성에 따라 각기 다른 모델이 특화되어 사용된다.

(1) **다층 퍼셉트론**(MLP: Multi-Layer Perceptron): 가장 기본적인 딥러닝 모델로, 여러 층의 인공 뉴런을 통해 정형 데이터(structured data), 즉 숫자와 표로 정리된 데이터(면적, 가격, 거리 등) 사이의 복잡한 관계를 학습하는 데 특화되어 있다. 이는 전통적인 회귀 모델의 매우 강력한 버전이라고 할 수 있다.

(2) **합성곱 신경망**(CNN: Convolutional Neural Network): CNN은 원래 이미지 인식을 위해 개발된 모델로, 데이터의 공간적 특징을 추출하는 데 탁월하다. 마치 인간이 사진 속에서 사물의 형태와 배치를 인식하듯, CNN은 위성사진, 항공사진, 로드뷰 이미지를 보고 녹지율, 건물 밀도, 도로 형태, 건물의 노후도 등 시각적 정보를 자동으로 분석하여 가치 평가에 반영한다.

(3) **순환 신경망**(RNN: Recurrent Neural Network): RNN은 순서가 있는 데이터(sequential data), 즉 시계열 데이터(time-series data)를 처리하는 데 특화된 모델이다. 과거의 데이터 흐름(기억)을 바탕으로 미래를 예측하는 데 강점을 가진다. 부동산 시장의 과거 가격 변동, 금리 변화, 뉴스 심리 지수의 흐름 등을 학습하여 미래의 가격 등락 패턴을 예측하는 데 사용된다.

■ 딥러닝 모델 별 목표, 작용원리 및 기술, 역할, 장단점, 도시부동산 활용예시

딥러닝 모델	다층 퍼셉트론(MLP)
목표	정형 데이터 내 변수들 간의 복잡한 비선형 관계를 학습하여 특정 값을 예측하는 것을 목표로 한다.
작동원리 및 기술	여러 개의 은닉층(hidden layers)으로 구성된 인공신경망을 통해 입력 데이터의 가중합 계산과 활성화 함수 통과를 반복하며 패턴을 학습한다.
역할	전통적인 회귀/분류 모델을 뛰어넘는, 고차원적인 정형 데이터 분석기 역할을 수행한다.
장단점	장점: 범용성이 높고 복잡한 패턴 학습에 강력하다. 단점: 이미지나 순차 데이터의 공간적/시간적 특징을 학습하기에는 비효율적이다.
도시부동산 활용예시	아파트의 면적, 층수, 준공 연도, 지하철역 거리 등 수십 개의 정형 데이터를 입력하여 미래 매매가격을 예측하는 자동 시세 평가 모델(AVM)을 구축한다.

딥러닝 모델	합성곱 신경망(CNN)
목표	이미지 데이터의 공간적 계층 구조와 특징을 자동으로 추출하고 인식하는 것을 목표로 한다.
작동원리 및 기술	이미지에 필터(커널)를 적용하여 특징 맵(feature map)을 생성하는 합성곱 연산을 통해, 이미지의 지역적 패턴(선, 면, 형태)을 점진적으로 학습한다.
역할	도시의 시각적 정보를 해석하는 'AI의 눈' 역할을 하여, 과거에는 정량화하기 어려웠던 시각적 가치를 평가 모델에 통합시킨다.
장단점	장점: 이미지의 공간적 특징 추출에 매우 뛰어나다. 단점: 순서가 중요한 시계열 데이터나 비이미지 데이터 분석에는 적합하지 않다.
도시부동산 활용예시	위성사진이나 로드 뷰 이미지를 분석하여 특정 주택의 녹지 조망권, 일조권, 건물 노후도 등을 자동으로 점수화하고 가격에 반영한다.

딥러닝 모델	순환 신경망(RNN)
목표	시계열 데이터 등 순서가 있는 데이터의 시간적 패턴과 의존성을 학습하여 미래 값을 예측하는 것을 목표로 한다.
작동원리 및 기술	이전 시점의 출력(기억)을 현재 시점의 입력으로 다시 사용하는 순환 구조를 통해, 데이터의 시간적 흐름과 맥락을 학습하는 것이다.
역할	시장의 과거 흐름을 기억하고 미래를 예측하는 'AI 시계열 분석가' 역할을 하여, 부동산 시장의 동적 트렌드를 예측한다.
장단점	장점: 시계열 데이터의 패턴 학습에 매우 효과적이다. 단점: 긴 시계열 데이터의 경우 과거 정보가 소실될 수 있는 문제가 있다.
도시부동산 활용예시	과거의 주택 가격 지수, 거래량, 금리 등의 시계열 데이터를 학습하여 향후 6개월 또는 1년 뒤의 지역별 주택 시장 경기(상승/하락)를 예측한다.

4.2. 가상 사례로 본 딥러닝 모델의 활용

◆ 가상 사례 1: CNN을 활용한 '조망권'과 '일조권'의 정량적 가치 평가

1) **현안 과제:** 과거에는 감정평가사의 주관에 크게 의존했던 '조망권'과 '일조권'의 가치를 정량적으로 평가해야 하는 과제가 주어졌다.

2) **딥러닝 모델 활용(CNN):**

(1) **데이터:** AI가 수만 건의 아파트 거래 데이터와 함께, 해당 아파트의 각 세대에서 촬영된 파노라마 로드뷰 이미지 및 3D 도시 모델을 기반으로 한 시간대별 일조량 시뮬레이션 데이터를 학습한다.

(2) **CNN의 역할:** CNN 모델이 이미지 데이터를 분석하여 '한강 조망 개방도(%)', '녹지 조망 비율(%)', '건물 간 간섭도' 등을 정량적인 점수로 추출한다. 또한, 시뮬레이션 데이터를 통해 동절기 기준 일평균 일조 시간을 계산한다.

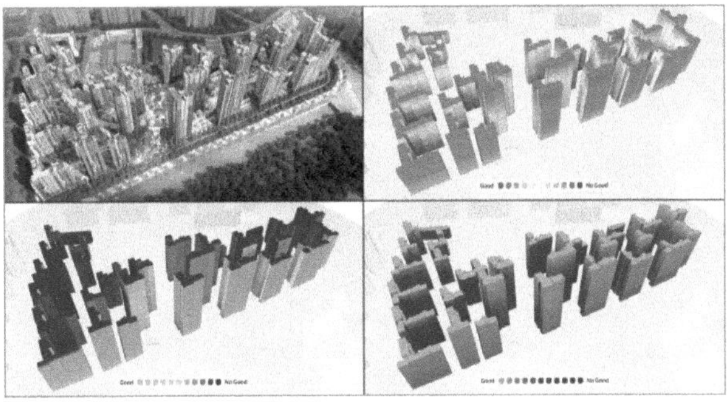

아파트 조망·일조권 분석 앱 '스택' 출시
https://www.newspim.com

(3) **가치 평가**: 이 시각적 데이터 점수와 실제 거래 가격을 연계하여 학습한 결과, AI는 '한강 조망 개방도'가 10% 증가할 때마다 가격이 1.2% 상승하고, '동절기 일조 시간'이 1시간 늘어날 때마다 가격이 3% 상승한다는 정밀한 가치 모델을 구축한다.

3) **결론**: 이는 과거의 주관적 평가 요소를, 시각적 데이터를 직접 분석하는 CNN을 통해 객관적이고 과학적인 자산 가치로 변환시킨 것이다.

구분	A 아파트(1501호)	B 아파트(1501호)
물리적 조건	동일(면적, 층수, 구조 등)	동일(면적, 층수, 구조 등)
CNN 분석 지표	- 한강 조망 개방도: 5% - 녹지 조망 비율: 10% - 동절기 일조 시간: 2.5시간	- 한강 조망 개방도: 65% - 녹지 조망 비율: 40% - 동절기 일조 시간: 4.5시간
AI 산정 가치 프리미엄	기준 가치	+13.2% (조망권 7.2% + 일조권 6.0%)
가상 가치 차이 (20억 기준)	20억 원	22억 6,400만 원

◆ 가상 사례 2: RNN(Recurrent Neural Network)을 활용한 지역 부동산 시장의 미래 경기 예측

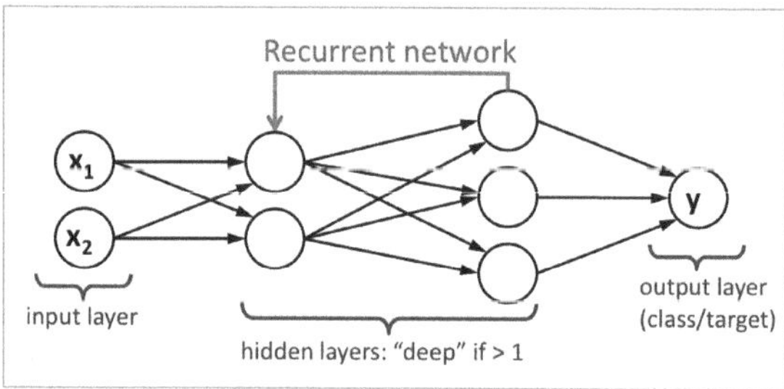

Recurrent Neural Networks(RNN) https://www.google.com

1) **현안 과제:** 한 투자신탁회사가 특정 자치구(예: 마포구)의 6개월 후 부동산 시장 동향을 예측하여 선제적인 투자 전략을 수립하고자 한다.

2) **딥러닝 모델 활용(RNN):**

(1) **데이터:** AI에게 지난 10년간 마포구의 월별 시계열 데이터를 순서대로 학습시킨다. 데이터에는 아파트 평균 거래 가격, 전세가율, 거래량, 금리 변화, 그리고 뉴스 데이터를 분석한 지역 시장 심리 지수 등이 포함된다.

(2) **RNN의 역할:** RNN 모델은 이 데이터들의 시간적 흐름과 패턴, 즉 '시장의 리듬'을 기억하고 학습한다. 예를 들어, '금리가 상승하고 시장 심리 지수가 2개월 연속 하락한 후에는, 3개월 뒤 거래량이 급감하는 패턴'을 스스로 발견하는 것이다.

(3) **미래 예측:** 현재까지의 데이터 흐름을 모델에 입력하면, RNN은 학습된 과거의 리듬을 바탕으로 향후 6개월간의 마포구 아파트 가격 지수가 약 4% 하락할 것이며, 특히 거래량은 25% 감소하며 침체기를 겪을 것이라고 예측한다.

3) 결론: 이는 단편적인 지표가 아닌, 여러 데이터의 복합적인 시계열 패턴을 이해하는 RNN을 통해 특정 지역 시장의 미래 동향을 예측하고, 선제적인 투자 전략을 수립할 수 있음을 보여주는 것이다.

구분	입력 데이터	RNN 예측 결과
분석 대상	마포구 월별 시계열 데이터 (과거 10년)	마포구 미래 시장 (6개월 후)
주요 변수	- 과거 가격 지수 - 과거 거래량 - 과거 시장 심리 지수 - 과거 금리 동향	- 6개월 후 가격 지수 예측: -4% - 6개월 후 거래량 예측: -25% - 미래 시장 국면: 하강 및 침체
전략적 시사점	과거 시장의 흐름과 패턴을 학습한다.	선제적 리스크 관리 및 보수적 투자 전략 수립

딥러닝은 도시부동산 가치 평가의 지평을 한 단계 넓힌 혁신적인 기술이다. MLP가 정형 데이터의 복잡한 관계를 풀어내고, CNN이 도시의 이미지를 읽어내며, RNN이 시장의 시간적 흐름을 예측함으로써, 우리는 과거에는 분석할 엄두조차 내지 못했던 다양한 차원의 정보를 가치 평가에 통합할 수 있게 되었다. 이것은 부동산의 가치를 더 깊고, 더 넓고, 더 정확하게 이해하는 새로운 시대의 시작인 것이다.

5. 도시부동산에서 하이브리드 AI 모델의 융합과 가상사례

단 하나의 완벽한 AI 모델은 존재하지 않는다. 도시와 부동산이라는 복잡한 시스템을 이해하기 위해서는, 각기 다른 재능을 가진 AI 전문가들이 팀을 이루어 협력하는 것처럼 여러 AI 모델을 지능적으로 융합하는 "하이브리드 AI 모델(Hybrid AI Model)"이 필요하다.

생성AI의 한계를 극복하는 차세대 AI. 하이브리드 AI : 네이버 블로그

이는 마치 의사가 환자를 진단할 때 엑스레이, 혈액검사, MRI 결과를 모두 종합하여 최종 진단을 내리는 것과 같다. 부분의 합을 뛰어넘는 총체적인 통찰력, 이것이 바로 하이브리드 모델이 추구하는 궁극적인 가치이다.

5.1. 전체는 부분의 합보다 위대하다: 하이브리드 모델의 융합 원리

하이브리드 모델은 여러 개의 개별 모델을 결합하여 단일 모델보다 훨씬 더 정확하고 안정적인 예측 성능을 내는 기법으로, "앙상블 모델(Ensemble Model)"이라고도 불린다. 그 융합 원리는 크게 두 가지 방식으로 나뉜다.

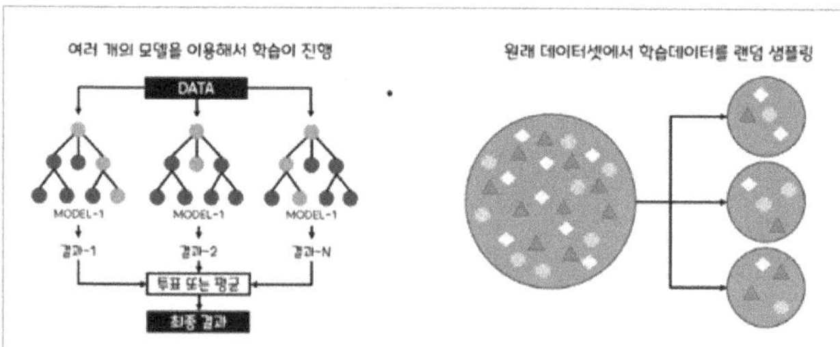

머신러닝의 앙상블(Ensemble)의 기본 개념와 3가지 종류
https://hyehwi.com

["앙상블 모델(Ensemble Model)"의 융합 원리]

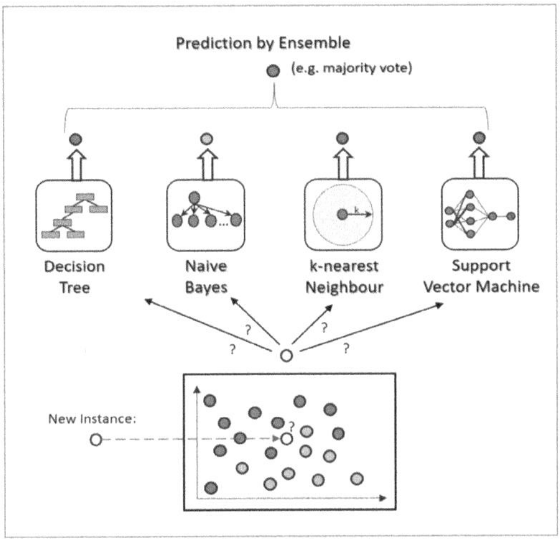

[머신러닝] 앙상블(Ensemble) https://lcyking.tistory.com

1) **데이터 유형별 모델 분업**: 이는 각기 다른 유형의 데이터를 가장 잘 처리하는 전문 모델에게 업무를 분담시키는 방식이다.

(1) **정형 데이터**(면적, 가격 등): MLP나 그래디언트 부스팅 모델이 처리한다.

(2) **이미지 데이터**(위성사진, 로드 뷰): CNN 모델이 처리한다.

(3) **시계열 데이터**(가격 변동, 거래량): RNN 모델이 처리한다.

(4) **텍스트 데이터**(뉴스, 리뷰): 자연어처리(NLP) 모델이 처리한다. 각 전문 모델이 1차 분석 결과를 내놓으면, 최종 메타 모델(Meta-model)이 이 결과들을 다시 입력 받아 종합하여 최종 예측치를 산출하는 구조이다.

2) **모델 간 상호 보완**: 동일한 데이터에 대해 서로 다른 접근법을 가진 여러 모델을 동시에 실행시킨 후, 그 결과들을 종합하여 최종 결론을 내리는 방식이다.

(1) **배깅(Bagging)**: 여러 개의 단순한 모델이 각자 독립적으로 예측한 후, 그 결과를 '투표(voting)'하듯 다수결로 정하거나 평균을 내어 최종 예측값을 결정한다(예: 랜덤 포레스트).

(2) **부스팅(Boosting)**: 첫 번째 모델이 예측하고 틀린 부분을, 두 번째 모델이 집중적으로 학습하여 보완하고, 다시 두 번째 모델이 틀린 부분을 세 번째 모델이 보완하는 식으로, '오답 노트'를 만들어가며 점진적으로 성능을 개선하는 방식이다.

5.2. 가상 사례로 본 하이브리드 모델의 위력

◆ 가상 사례 1: 초정밀 자동 시세 평가 모델(AVM)의 고도화

1) **현안 과제**: 한 핀테크 기업이 업계 최고 수준의 정확도를 가진 "자동 시세 평가 모델(AVM)"을 개발하여, 예측 오차율을 3% 미만으로 낮추고자 한다.

2) **하이브리드 AI 모델 구축**:

(1) **모델 1(MLP)**: 아파트의 정형 데이터(면적, 층수, 준공 연도, 용적률 등 50여 개)를 분석하여 1차 기준 가격을 예측한다.

(2) **모델 2(CNN)**: 해당 아파트의 위성사진과 로드뷰 이미지를 분석하여 '녹지 조망 점수', '건물 노후도 점수', '도로 접근성 점수' 등 시각적 정보를 추출한다.

(3) **모델 3(NLP)**: 해당 아파트에 대한 온라인 뉴스와 부동산 커뮤니티 리뷰를 분석하여 '지역 평판 및 이슈 점수'를 산출한다.

(4) **메타 모델(최종 결정)**: MLP가 예측한 기준33 가격에, CNN이 분석한 시각적 프리미엄/감가 요인과 NLP가 분석한 평판 리스크/프리미엄을 종합하여 최종 가격을 ±5% 내에서 미세 조정한다.

3) **결론:** MLP 단일 모델의 예측 오차율이 5%였다면, 이미지와 텍스트 분석 결과를 융합한 하이브리드 모델은 오차율을 "2.8%"까지 낮추는 데 성공한다. 이는 각기 다른 차원의 정보를 종합하여 인간 전문가의 통찰력에 더 가까워진 결과인 것이다.

분석 모델	분석 데이터	역할	예측 오차율 개선 기여도
모델 1(MLP)	정형 데이터 (면적, 층수 등)	기준 가격 산출	(기준 모델, 오차율 5.0%)
모델 2(CNN)	이미지 데이터 (위성사진 등)	시각적 가치 (조망권 등) 반영	-1.2%p (오차율 3.8%로 개선)
모델 3(NLP)	텍스트 데이터 (뉴스, 리뷰)	평판 및 이슈 리스크 반영	-1.0%p (오차율 2.8%로 개선)
메타 모델	모델 1, 2, 3의 결과값	최종 가격 결정	최종 오차율 2.8% 달성

◆ 가상 사례 2: 도시재생 프로젝트의 성공 가능성 종합 예측

1) **현안 과제:** 한 지자체가 여러 후보지 중 가장 성공 가능성이 높은 도시재생 사업지를 선정하고자 한다. 성공의 기준은 단순한 경제적 수익률뿐만 아니라, 도시 활력 증진까지 포함한다.

2) **하이브리드 AI 모델 구축:**

(1) **모델 1(회귀 모델):** 정형 데이터(공시지가, 유동인구, 주변 인프라)를 기반으로 프로젝트의 예상 "경제적 수익률(ROI)"을 예측한다.

(2) **모델 2(군집 분석 모델):** 사회·인구통계 데이터를 분석하여, 해당 지역이 어떤 특성을 가진 군집(예: '청년 문화 중심지', '고령층 주거지')에 속하는지를 식별한다.

(3) **모델 3(RNN):** 지난 5년간의 시계열 데이터(인구 유출입, 상권 매출 변화)를 분석하여 해당 지역의 성장/쇠퇴 추세를 예측한다.

(4) 메타 모델(종합 판단): AI는 세 모델의 결과를 종합하여 최종 '도시재생 성공 잠재력 지수'를 산출한다. 예를 들어, ROI(모델 1)는 높지만 지역 특성(모델 2)과 맞지 않고 쇠퇴 추세(모델 3)가 뚜렷한 지역은 최종 점수가 낮게 나오는 것이다.

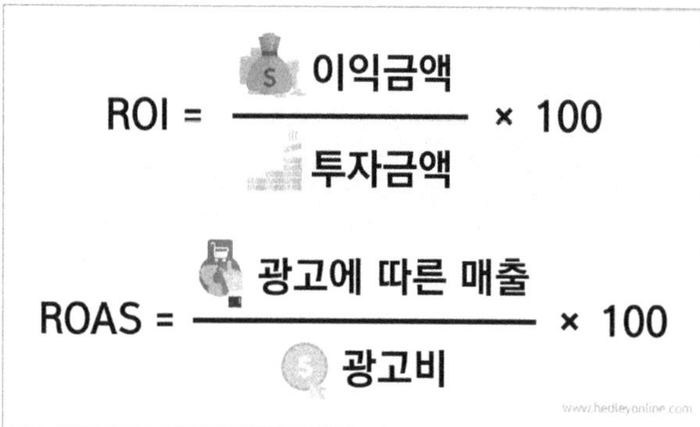

ROI와 ROAS란? https://seo.co.kr/blog

3) 결론: AI 분석 결과, 경제적 수익률은 A 지역이 가장 높지만, 청년층 유입이 활발하고 성장 추세에 있는 B 지역의 '종합 성공 잠재력 지수'가 더 높게 나타난다. 지자체는 단기 수익성보다 장기적인 도시 활력 측면에서 B 지역을 최종 사업지로 선정한다.

후보지	모델 1: 예상 ROI	모델 2: 지역 군집 특성	모델 3: 성장 추세	하이브리드 모델 종합 점수
A 지역	15%(매우 높음)	고령층 주거지	쇠퇴(-1.5%/년)	55점
B 지역	11%(보통)	청년 문화 중심지	성장(+3.2%/년)	91점(최종 선정)
C 지역	8%(낮음)	안정적 중산층 주거지	정체(+0.1%/년)	65점

하이브리드 AI 모델은 특정 문제 해결을 위해 각기 다른 재능을 가진 AI 전문가들이 팀을 이루어 협력하는 것과 같다. 어떠한 단일 모델도 도시와 부동산이라는 복잡한 시스템의 모든 측면을 완벽하게 이해할 수는 없다. 정형, 이미지, 텍스트, 시계열 등 각 분야에 특화된 모델들의 분석 결과를 지능적으로 융합함으로써, 우리는 비로소 부분의 합을 뛰어넘는 총체적이고 깊이 있는 통찰력을 얻게 되는 것이다.

제 7 장

생성형 AI를 활용한 부동산 가치 시나리오 분석

1. 생성형 AI모델(GAN, VAE, 트랜스포머, 확산모델) 별 목표, 작용원리 및 기술, 역할, 장단점, 도시부동산 활용예시

생성형 AI 모델	GAN(생성적 적대 신경망)
목표	실제와 유사한 가짜 데이터를 생성하는 것을 목표로 한다.
작용원리 및 기술	두 개의 신경망, 즉 생성자(Generator)와 판별자(Discriminator)가 서로 경쟁하며 학습한다. 생성자는 가짜 데이터를 만들고, 판별자는 진짜와 가짜를 구별하며, 이 과정을 통해 생성자의 데이터 생성 능력이 향상된다.
역할	이미지 생성, 스타일 변환, 데이터 증강 등 사실적인 결과물 생성에 특화된 역할을 수행한다.
장단점	장점: 매우 사실적인 고품질 데이터 생성이 가능하다. 단점: 학습 과정이 불안정하여 붕괴(collapse)되기 쉽고, 결과물의 다양성이 부족할 수 있다.
도시부동산 활용예시	- 가상 도시 경관 생성: 특정 조건(예: 특정 건축 양식, 녹지 비율)에 맞는 도시의 3D 모델이나 조감도를 생성하여 개발 계획을 시각 화한다. - 부동산 인테리어 디자인 제안: 비어 있는 아파트 내부 사진을 기반으로 다양한 스타일의 가상 인테리어 이미지를 생성하여 잠재 구매자에게 제시한다.

생성형 AI 모델	VAE(변분 오토인코더)
목표	입력 데이터의 잠재적 특징(latent feature)을 효과적으로 압축하고, 이를 바탕으로 새로운 데이터를 생성하는 것을 목표로 한다.
작용원리 및 기술	인코더(Encoder)가 입력 데이터를 저차원의 잠재 공간으로 압축하고, 디코더(Decoder)가 이 잠재 변수로부터 원본과 유사한 새로운 데이터를 생성하는 방식으로 작용한다. 확률적 분포를 학습한다.
역할	데이터의 압축, 노이즈 제거, 그리고 새로운 변형 데이터 생성에 주로 활용된다.
장단점	장점: 학습이 비교적 안정적이고 데이터의 잠재적 구조를 잘 파악한다. 단점: GAN에 비해 생성된 이미지의 품질이 다소 흐릿(blurry)한 경향이 있다.
도시부동산 활용예시	- 부동산 시장 이상치 탐지: 수많은 부동산 매물 데이터의 특징을 학습하여, 시세에 맞지 않는 비정상적인 가격이나 허위 매물을 탐지해낸다. - 도시 인프라 결함 진단: 도로, 건물 등의 이미지를 학습하여 균열이나 파손과 같은 이상 징후를 자동으로 감지하고 복원이 필요한 부분을 예측한다.

생성형 AI 모델	트랜스포머(Transformer)
목표	순차적인 데이터, 특히 자연어의 맥락과 관계를 깊이 있게 이해하고 이를 바탕으로 텍스트, 이미지 등 다양한 결과물을 생성하는 것을 목표로 한다.
작용원리 및 기술	어텐션(Attention) 메커니즘을 사용하여 데이터의 각 요소가 다른 요소와 얼마나 관련이 있는지를 계산하고, 이를 통해 문맥을 파악하며 순차적 의존성을 효율적으로 처리한다.
역할	챗봇, 번역, 문장 생성, 코딩 등 언어 기반의 작업 뿐만 아니라 이미지 생성 분야에서도 핵심적인 역할을 수행한다.
장단점	장점: 데이터의 장기 의존성 파악에 뛰어나고 병렬 처리가 가능하여 대규모 데이터 학습에 효율적이다. 단점: 방대한 데이터와 높은 컴퓨팅 자원을 필요로 한다.
도시부동산 활용예시	- 부동산 관련 법률 및 보고서 자동 생성: 도시계획 관련 법규, 시장 분석 보고서, 부동산 계약서 초안 등을 자동으로 생성하여 업무 효율을 높인다. - 도시 민원 분석 및 정책 제안: 주민들의 민원 데이터를 분석하여 핵심 키워드와 요구사항을 파악하고, 이를 바탕으로 도시계획 정책의 우선순위를 제안한다.

생성형 AI 모델	확산 모델(Diffusion Model)
목표	원본 데이터에 점진적으로 노이즈를 추가했다가, 다시 노이즈를 제거하는 과정을 학습하여 정교하고 고품질의 데이터를 생성하는 것을 목표로 한다.
작용원리 및 기술	데이터에 노이즈를 추가하는 순방향 프로세스(forward process)와 노이즈로부터 원본 데이터를 복원하는 역방향 프로세스(reverse process)로 구성된다. 이 복원 과정을 통해 새로운 데이터를 생성한다.
역할	특히 고해상도의 이미지 생성 분야에서 가장 뛰어난 성능을 보이며, 텍스트 설명에 기반한 이미지 생성(Text-to-Image)의 핵심 기술로 활용된다.
장단점	장점: 생성된 데이터의 품질과 다양성이 매우 뛰어나며, 학습 과정이 안정적이다. 단점: 추론(생성) 속도가 다른 모델에 비해 느리다는 단점이 있다.
도시부동산 활용예시	- 미래 도시 개발 시뮬레이션: "2050년 서울의 친환경 스마트 도시"와 같은 텍스트 설명을 기반으로 미래 도시의 모습을 매우 사실적인 이미지로 시각 화한다. - 노후 건축물 리모델링 설계: 오래된 건물의 사진을 입력하고 특정 건축 스타일을 지시하면, 현실적인 리모델링 후의 예상 이미지를 여러 가지 버전으로 생성하여 제공한다.

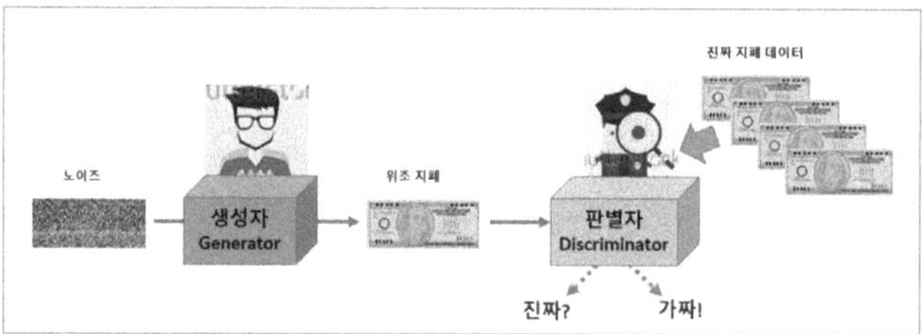

쉽게 이해하는 GAN https://taehojo.github.io

2. GAN을 활용한 도시부동산 변화에 따른 시각화 모델과 가상사례

2.1. 미래 도시를 미리 그려보는 인공지능 화가, 생성적 적대 신경망 (GAN: Generative Adversarial Network)

도시의 미래를 상상해보자. 10년 후, 20년 후 우리가 사는 동네는 어떤 모습일까? 새로운 지하철 노선이 들어서고, 낡은 공장 지대가 최첨단 비즈니스 허브로 변모하며, 주거 지역에 녹지 공간이 확충되는 등 다양한 변화를 머릿속으로 그려볼 수 있을 것이다.

과거에는 이러한 미래 예측이 전문가의 경험과 직관, 그리고 제한된 데이터를 바탕으로 한 스케치나 조감도에 의존했다. 하지만 이제 빅데이터와 인공지능(AI) 기술이 결합하면서, 우리는 훨씬 더 정교하고 현실적인 미래 도시의 모습을 눈앞에서 생생하게 확인할 수 있게 되었다. 그 중심에 바로 '생성적 적대 신경망(GAN: Generative Adversarial Network)'이라는 혁신적인 기술이 있다.

GAN은 두 개의 인공지능이 서로 경쟁하며 학습하는 독특한 구조를 가진다. 하나의 AI는 '생성자(Generator)'로서, 실제와 유사한 가짜 데이터를 만들어내는 '화가'의 역할을 한다. 다른 하나는 '판별자(Discriminator)'로서, 생성자가 만든 데이터가 진짜인지 가짜인지를 판별하는 '비평가'의 역할을 수행한다. 이 둘은 서로를 속이고 또 속지 않기 위해 치열하게 경쟁하며 서로의 능력을 극대화한다. 이 과정이 수없이 반복되면, 생성자는 판별자가 더 이상 구분할 수 없을 정도로 실제와 흡사한 결과물을 만들어내게 된다.

이러한 GAN의 원리를 도시계획과 부동산 분야에 적용하면, 우리는 놀라운 가능성을 마주하게 된다. 도시의 현재 모습을 담은 위성사진, 건축물 데이터, 토지이용계획, 인구 통계, 유동인구 데이터, 소셜미디어의 활동 데이터 등 방대한 양의 도시 빅데이터를 GAN 모델에 학습시킨다. 그리고 여기에 용적률 상향, 신규 공원 조성, 도로망 확충과 같은 특정 개발 시나리오를 변수로 입력한다.

그러면 GAN의 생성자는 이 시나리오가 적용되었을 때 나타날 수 있는 가장 현실적인 미래 도시의 이미지를 수천, 수만 장 생성해내는 것이다. 이는 단순한 3D 모델링을 넘어, 건물의 형태와 배치, 도로의 질감, 녹지의 계절적 변화, 심지어 시간대에 따른 빛의 변화까지 반영한 극사실적인 시각화 결과물이다.

이러한 시각화는 단순한 그림을 넘어, 도시부동산의 미래 가치를 예측하는 강력한 도구가 된다. 생성된 미래 도시 이미지와 함께 교통량 변화, 상권 활성화, 인구 유입 등의 예측 데이터를 결합하면, 각 필지와 건물의 부동산 가치가 어떻게 변화할지를 입체적으로 분석할 수 있다. 즉, 정책 결정자와 투자자는 더 이상 추상적인 데이터와 보고서에만 의존하는 것이 아니라, 눈으로 직접 미래의 변화를 확인하고 정량적인 가치 변화까지

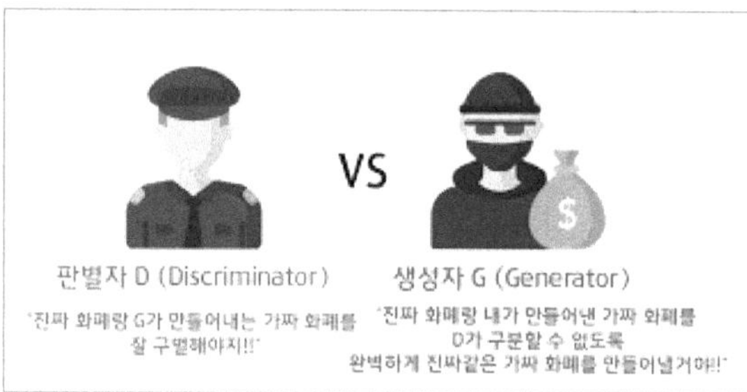

GAN:Generative Adversarial Network https://velog.io

예측하며 최적의 의사결정을 내릴 수 있게 되는 것이다. GAN을 활용한 시각화 모델은 도시의 미래를 그리는 '인공지능 화가'이자, 부동산의 미래 가치를 읽어내는 '예언가'의 역할을 동시에 수행하는, 도시계획 및 부동산 분야의 혁신적인 패러다임이라 할 수 있다.

2.2. GAN 모델을 적용한 가상 사례

◆ 가상 사례 1: 구도심 공업지역의 스마트 주거단지 재개발 프로젝트

1) **상황:** 서울의 A구에 위치한 준공업지역은 과거 도시의 성장을 이끌었지만, 현재는 공장 이전과 시설 노후화로 인해 활력을 잃고 슬럼화가 진행되고 있다. A구청은 이 지역을 4차 산업혁명 시대에 걸맞은 친환경 스마트 주거단지로 재개발하여, 젊은 인구를 유입 시키고 도시 전체에 새로운 활력을 불어넣고자 한다.

2) **GAN 모델 적용:** 연구팀은 지난 20년간의 항공사진, 건축물대장, 토지이용현황, 공시지가 변동 데이터와 함께, 인근 지역의 교통량, 상권 매출, 인구 구성 등 약 500종의 빅데이터를 GAN 모델에 학습시킨다. 이후, 재개발 프로젝트의 핵심 변수인 가상수치를 입력한다.

(1) **용적률:** 기존 평균 180% → "400%"로 상향 조정

(2) **녹지 비율:** 기존 5% 미만 → 30% 이상 확보(중앙공원 및 옥상녹화 포함)

(3) 자율주행 셔틀 및 UAM(도심항공교통) 이착륙장 도입에 따른 도로 체계 변경

(4) **상업시설 비율:** 기존 10% → "25%"로 확대(저층 부 중심의 스트리트형 상가)

3) **GAN 모델의 시각화 작업:** GAN 모델은 이러한 변수를 바탕으로 수만 번의 시뮬레이션을 거쳐, 재개발 이후의 도시 경관을 3차원 이미지

와 영상으로 시각 화한다. 생성된 이미지에는 최첨단 디자인의 주상복합 건물들과 그 사이를 흐르는 실개천, 중앙공원에서 여가를 즐기는 시민들, 그리고 건물 옥상에서 이 착륙하는 UAM의 모습까지 생생하게 구현된다.

4) **결과 및 미래가치 예측**: 시각화 모델은 단순히 아름다운 미래를 보여주는 것을 넘어, 부동산 가치 변화를 가상수치로 제시한다.

(1) **프로젝트 지역 평균 주거용 부동산 가치**: 재개발 전 3.3㎡당 평균 2,500만 원 → 재개발 10년 후 3.3㎡당 평균 8,500만 원으로 약 240% 상승 예측. 이는 단순 용적률 증가 효과를 넘어, 녹지 공간 확보로 인한 쾌적성 증대, 상권 활성화로 인한 편의성 향상, 그리고 신기술 인프라 도입에 따른 상징적 가치가 복합적으로 반영된 결과이다.

(2) **상업시설 가치**: 신규 스트리트형 상가의 1층 예상 임대료는 반경 2km 내 기존 상권 대비 40% 이상 높게 형성될 것으로 분석된다. 이는 유동인구 예측 데이터와 소비 패턴 분석을 통해 도출된 수치이다.

(3) **가치 상승의 공간적 확산 효과**: GAN 시뮬레이션 결과, 재개발 지역의 가치 상승은 인접한 B동과 C동까지 영향을 미쳐, 해당 지역의 노후 주택 리모델링 수요를 자극하고 10년간 평균 80%의 동반 가치 상승을 유발할 것으로 예측된다.

이처럼 GAN 모델은 특정 정책과 계획이 가져올 미래 도시의 모습과 부동산 가치를 명확한 이미지와 수치로 제시함으로써, 막연한 기대를 넘어 데이터에 기반한 과학적이고 합리적인 의사결정을 가능하게 하는 것이다.

◆ 가상 사례 2: 신규 KTX 역세권 개발과 도시 공간구조 변화 예측

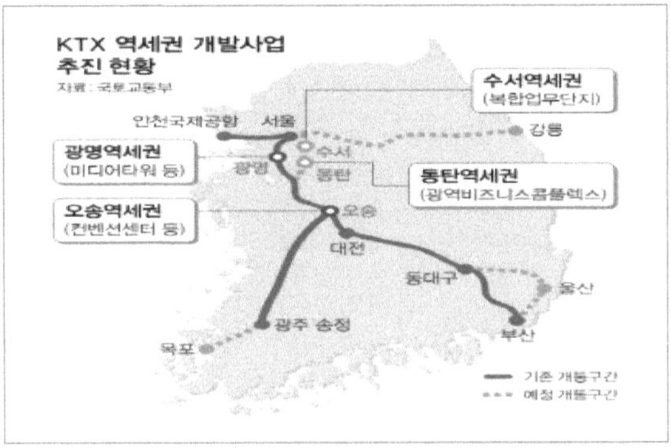

KTX 역세권 개발 본격화 https://www.munhwa.com

1) **상황**: 수도권 외곽의 C시는 농경지와 낮은 구릉지로 이루어진 전형적인 농촌 지역이었으나, 최근 신규 KTX 역사가 들어서기로 확정되면서 급격한 도시 변화의 전환점을 맞이했다. C시는 무분별한 난개발을 막고, KTX 역을 중심으로 지속가능한 복합기능 도시를 조성하고자 한다.

2) **GAN 모델 적용**: 연구팀은 C시의 자연환경 데이터(지형, 식생, 수계)와 함께 기존의 토지이용, 도로망, 인구 분포 데이터를 기본으로 학습시킨다. 여기에 KTX 개통이라는 핵심 변수와 연계된 다음과 같은 가상수치 시나리오를 추가로 입력한다.

(1) **교통 접근성 변화**: KTX 개통으로 서울 중심부까지의 평균 소요 시간 90분 → 35분으로 단축

(2) **예상 유입 인구**: 개통 후 10년간 연평균 8,000명 증가

(3) **역세권 고밀 복합개발**: 역사 반경 1km 이내를 특별계획구역으로 지정, 최대 용적률 "800%"의 상업, 업무, 주거 복합단지 조성

(4) **스마트 그린벨트 설정:** 역세권 외곽 지역은 기존의 자연환경을 보존하고 스마트팜, 생태공원으로 활용하는 개발제한구역 유지

3) **GAN 모델의 시각화 작업:** GAN 모델은 KTX 개통에 따른 접근성 향상이 인구 유입과 토지이용 변화에 미치는 연쇄 효과를 시뮬레이션 한다. 특히, 여러 개발 시나리오(예: 주거 중심 개발, 상업 중심 개발, 균형 개발)에 따라 미래 도시 경관이 어떻게 달라지는지를 다각도로 시각화하여 보여준다. 생성된 이미지들은 허허벌판이었던 논밭이 초고층 빌딩과 아파트, 그리고 녹지 공간이 어우러진 활기찬 신도시로 변모하는 과정을 파노라마처럼 펼쳐 보인다.

4) **결과 및 미래가치 예측:** GAN 시뮬레이션은 각 개발 시나리오별 부동산 가치 변화를 정량적인 가상수치로 비교 분석하여 최적의 도시계획 방향을 제시한다.

(1) **역세권 부동산 가치 변화(균형 개발 시나리오 기준):** KTX 개통 전 농경지 평균 공시지가 3.3㎡당 20만 원 → 역사 반경 500m 내 상업용지 3.3㎡당 4,000만 원, 주거용지 3.3㎡당 2,200만 원으로 폭발적인 가치 상승을 예측한다.

(2) **지가 상승의 차등적 분포:** 시뮬레이션 결과, KTX 역사와의 도보 접근성에 따라 부동산 가치가 급격하게 차이나는 '지가 절벽(Land Price Cliff)' 현상이 뚜렷하게 나타날 것으로 시각화된다. 역사로부터 반경 1km를 벗어난 지역의 가치 상승률은 1km 이내 지역의 20% 수준에 그칠 것으로 분석된다.

(3) **자연환경 보존의 경제적 가치:** '스마트 그린벨트'로 지정된 지역은 직접적인 개발이익은 없지만, 쾌적한 전원 환경을 제공함으로써 역세권 주거단지의 가치를 추가적으로 15% 상승시키는 외부효과

를 발생시키는 것으로 분석된다. 이는 도시계획에서 보존의 가치를 경제적으로 환산하여 보여주는 중요한 근거가 된다.

종합하면, KTX 역세권 개발 사례에서 GAN 모델은 교통 인프라 구축이 도시의 공간구조와 부동산 시장 지형을 어떻게 근본적으로 바꾸어 놓는지를 생생하게 보여준다. 이는 개발의 편익을 극대화하고 부작용을 최소화하는 '예측 기반의 선제적 도시계획'을 실현하는 핵심 기술이 될 것이다.

3. VAE를 통한 도시부동산 가치 패턴 분석과 가상사례

3.1. 도시의 숨겨진 DNA를 찾아내는 인공지능, 변분 오토인코더(VAE: Variational Autoencoder)

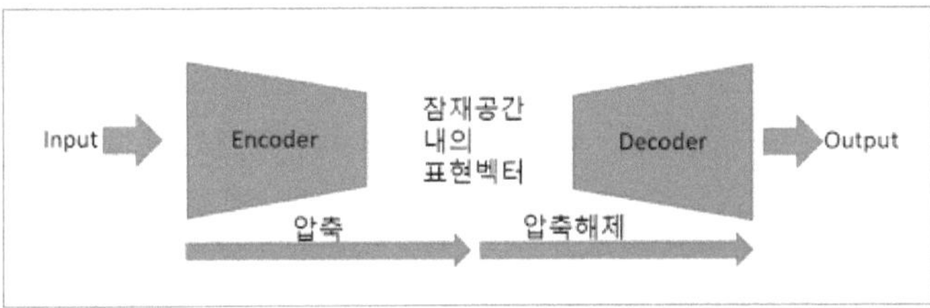

오토인코더(AE, AutoEncoder) https://oliverhouse.tistory.com

도시는 수많은 데이터가 살아 숨 쉬는 거대한 유기체와 같다. 집값, 교통, 학군, 상권, 공원, 소음, 범죄율 등 셀 수 없이 다양한 요소들이 복잡한 그물망처럼 얽혀 특정 지역의 가치와 정체성을 형성한다. 만약 이 복잡하게 얽힌 데이터 속에서 도시의 특성을 결정짓는 핵심적인 'DNA' 혹은 '본질'만을 추출해낼 수 있다면 어떨까? 우리는 도시를 훨씬 더 깊이 있게 이해하고, 미래 가치를 보다 정확하게 예측할 수 있을 것이다. 바로 이 역할을 수행하는 인공지능 기술이 '변분 오토인코더(VAE: Variational Autoencoder)'이다.

VAE는 GAN과 마찬가지로 생성 모델의 일종이지만, 그 작동 방식과 목적에서 차이를 보인다. VAE의 핵심은 '압축'과 '생성'에 있다. 먼저 '인코더(Encoder)'는 도시의 방대한 원본 데이터를 입력받아, 이를 훨씬 더 작고 단순한 차원의 핵심 특징, 즉 '잠재 변수(Latent Variable)'로 압축한다. 이는 마치 수백 페이지에 달하는 도시 관련 보고서를 단 몇 개의 핵심 키워드로 요약하는 것과 같다. 이 잠재 변수들이 모여 있는 다차원의 가상 공간을 '잠재 공간(Latent Space)'이라 부른다.

그 다음 '디코더(Decoder)'는 이 잠재 공간에 있는 압축된 핵심 특징(잠재 변수)을 다시 원래의 복잡한 도시 데이터 형태로 복원(생성) 해내는 역할을 한다. 이 과정에서 VAE는 원본과 복원된 데이터가 최대한 유사해지도록 학습한다. 중요한 점은, VAE가 데이터를 단순히 압축하고 복원하는 것을 넘어, 그 과정에서 데이터의 확률적 분포를 학습한다는 것이다. 이 덕분에 잠재 공간 내에서 특정 값들을 조합하면, 현실에는 존재하지 않지만 존재할 법한 새로운 도시 데이터(예: 새로운 주거 지역의 가상 프로필)를 생성해낼 수도 있다.

도시부동산 분야에서 VAE의 진정한 힘은 바로 이 '잠재 공간'을 분석하는 데에서 나온다. 잠재 공간 안에서 비슷한 특성을 가진 지역들은 서로 가깝게 모여 군집을 이루게 된다. 예를 들어, '우수한 학군과 편리한 교통을 갖춘 고가 아파트 단지'라는 특성을 공유하는 지역들은 잠재 공간의 특정 영역에 함께 분포할 것이다. 우리는 이 잠"재 공간을 분석함으로써 눈에 보이는 개별 데이터(집값, 학교 수 등)만으로는 파악하기 어려웠던 도시의 숨겨진 구조와 패턴, 즉 '도시의 DNA'를 발견할 수 있다. 이는 특정 지역의 부동산 가치가 높은 근본적인 이유를 설명하고, 유사한 잠재적 특성을 가진 저평가된 지역을 발굴하며, 미래의 도시 변화가 부동산 가치 패턴에 어떤 영향을 미칠지를 예측하는 강력한 분석 도구가 되는 것이다.

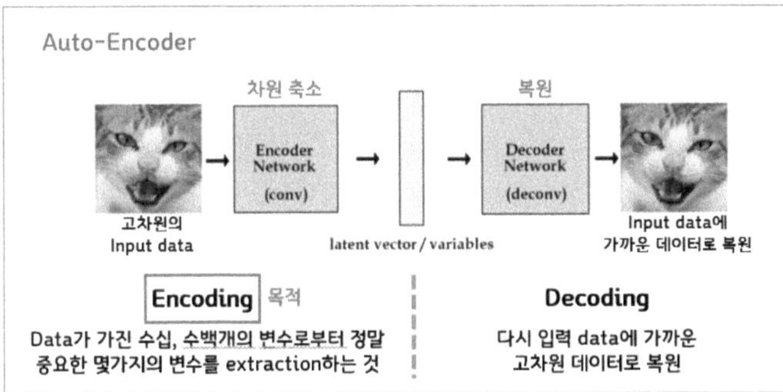

[VAE] Auto-Encoding Variational Bayes 논문 정리
https://di-bigdata-study.tistory.com

◆ 가상 사례 1: 서울 강남 지역의 고가 주거지역 형성 요인 분석

1) **상황**: 서울 강남 3구(강남, 서초, 송파)는 대한민국을 대표하는 고가 주거지역이다. 하지만 같은 강남 3구 내에서도 동네별로 부동산 가격과 선호도에는 미묘한 차이가 존재한다. 정책 결정자들은 이러한 가치 차이를 만드는 잠재적 요인을 정량적으로 분석하여, 다른 지역의 주거환경 개선 정책에 활용하고자 한다.

2) **VAE 모델 적용**: 연구팀은 강남 3구 내 500개 아파트 단지를 대상으로, 부동산 실거래가, 대중교통 접근성(지하철역까지의 도보 거리), 명문 학원가 밀집도, 대형 공원까지의 거리, 편의시설(백화점, 대형마트) 수, 범죄율 등 100여 가지의 변수를 수집하여 VAE 모델에 입력한다. VAE는 이 고차원 데이터를 2차원의 잠재 공간으로 압축하여 시각화한다.

3) **잠재 패턴 분석:** 잠재 공간 분석 결과, 강남 3구의 고가 주거지역은 크게 두 개의 가상수치로 정의된 잠재 요인(Latent Factor) 축에 의해 그 특성이 명확하게 구분되었다.

(1) **잠재 요인 1(X축):** '교육·교통 중심성'(Education-Transit Centrality) 이 축의 값이 높을수록(예: 0.8 이상) 대치동 학원가와 같은 명문 교육 시설 접근성이 뛰어나고, 2개 이상의 노선이 교차하는 환승 역세권에 위치하는 경향을 보였다. 해당 지역의 부동산 가치는 다른 요인이 동일할 때 이 수치가 0.1 상승할 때마다 평균 5%의 추가적인 가격 프리미엄이 붙는 것으로 분석된다.

(2) **잠재 요인 2(Y축):** '녹지·생활 쾌적성'(Green-Amenity Comfort)이 축의 값이 높을수록(예: 0.7 이상) 대규모 공원이나 강변에 인접해 있으며, 단지 내 조경이 우수하고, 백화점이나 고급 레스토랑 등 생활 편의시설이 풍부한 특성을 보였다. 이 수치가 높은 지역은 전통적인 부촌으로, 안정적인 자산 가치를 중시하는 수요층이 선호하는 것으로 나타난다.

4) **결과:** VAE 잠재 공간 맵에서, 대치동과 반포동 일대는 '교육·교통 중심성' 축에서 높은 값을 기록하며 특정 군집을 형성했다. 반면, 압구정동과 잠실 일부 지역은 '녹지·생활 쾌적성' 축에서 높은 값을 보이며 또 다른 군집을 형성했다.

이는 강남 지역 부동산 가치가 단순히 '비싸다'는 단일 차원이 아니라, '교육과 교통' 그리고 '환경과 쾌적성'이라는 두 개의 숨겨진 핵심 DNA가 서로 다른 방식으로 결합하여 형성됨을 명확히 보여주는 것이다. 이러한 분석은 타 지역 개발 시, 해당 지역의 특성에 맞는 맞춤형 가치 상승 전략을 수립하는 데 결정적인 근거 자료로 활용될 수 있다.

◆ 가상 사례 2: 구도심 상권의 젠트리피케이션 가능성 예측

뜨는 동네의 빛과 그림자, 젠트리피케이션 | 한국경제
https://www.hankyung.com

1) **상황:** 독특한 개성과 역사를 지닌 D 구역은 최근 몇 년간 젊은 예술가와 소상공인들이 모여들며 활기를 띠고 있다. 하지만 이로 인해 임대료가 급격히 상승하면서 기존 상인들이 내몰리는 젠트리피케이션 현상에 대한 우려가 커지고 있다. 지자체는 젠트리피케이션의 초기 징후를 포착하고 선제적으로 대응할 수 있는 모델을 개발하고자 한다.

2) **VAE 모델 적용:** 연구팀은 지난 10년간 D 구역 내 1,000개 필지를 대상으로, 월별 유동인구, 신용카드 매출액, 소셜미디어 언급량('힙한', '맛집' 등 관련 키워드), 공실률, 임대료 변동률, 개·폐업 업종 데이터(예: 공방→프랜차이즈 카페) 등 시계열 데이터를 VAE 모델로 분석한다. VAE는 매년 각 필지의 상태를 잠재 공간의 한 점으로 표현하여, 시간의 흐름에 따른 잠재적 특성의 변화 궤적을 추적한다.

3) **미래 예측:** 잠재 공간 분석을 통해, 상권의 변화 상태를 나타내는 '상권 활력도(Commercial Vitality)'와 '자본 유입 강도(Capital Influx Intensity)'라는 두 개의 잠재 축을 발견했다.

(1) 변화 궤적 분석:

- 초기 D 구역의 필지들은 잠재 공간 내에서 '낮은 활력도, 낮은 자본 유입' 영역(좌측 하단)에 밀집해 있었다.
- 5년 전부터 몇몇 필지들이 '높은 활력도, 낮은 자본 유입' 영역(우측 하단)으로 이동하기 시작했다. 이는 소셜미디어 언급량이 급증하고 개성 있는 소규모 가게들이 늘어나는 '자생적 활성화' 단계를 의미한다.
- 최근 1~2년 사이, 이 필지들은 '높은 활력도, 높은 자본 유입' 영역(우측 상단)으로 급격히 이동하는 궤적을 보였다. 이는 프랜차이즈 및 대형 자본이 유입되고 임대료가 급등하는 '젠트리피케이션 가속화' 단계에 진입했음을 시사한다.

(2) 젠트리피케이션 예측 점수:

- VAE 모델은 특정 필지의 잠재 공간 내 이동 속도와 방향을 기반으로 '젠트리피케이션 위험 점수(G-Risk Score)'를 0에서 1 사이의 가상수치로 산출한다.

4) 결과: 분석 결과, 현재 '자생적 활성화' 단계에 있는 필지 중 향후 2년 내 G-Risk Score가 0.85를 초과할 확률이 높은 지역이 3개 블록으로 특정되었다.

- 이러한 예측은 지자체가 해당 블록에 대해 장기 저리 융자 지원, 상생 협약 유도, 공공 임대 상가 확보 등 젠트리피케이션의 부작용을 완화하기 위한 정책을 적시에, 집중적으로 펼칠 수 있는 과학적 근거를 제공한다.

이처럼 VAE 모델은 도시 상권의 복잡한 변화 과정을 직관적으로 시각화하고, 그 이면에 숨겨진 동력을 해석하며, 미래의 변화 방향까지 예측하게 함으로써, 데이터 기반의 스마트한 도시재생 및 관리 정책을 수립하는 데 핵심적인 역할을 수행하게 되는 것이다.

4. 트랜스포머(Transformer)의 구조와 어텐션 메커니즘의 도시부동산 가치분석과 가상사례

4.1. 데이터의 핵심에 집중하는 AI, 트랜스포머와 어텐션

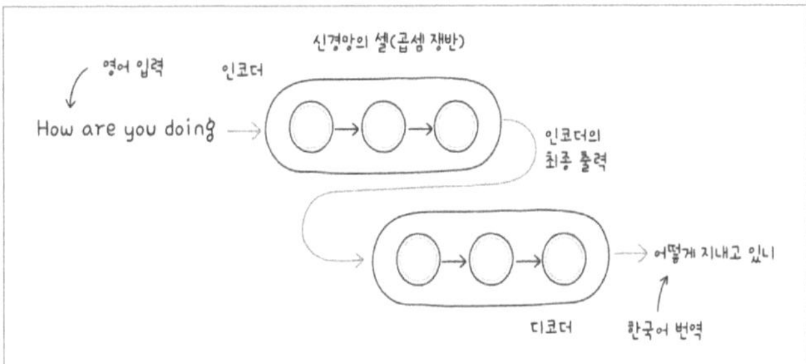

트랜스포머(transformer) 모델 쉽게 이해하기 어텐션 기반 메커니즘
https://www.hanbit.co.kr

인간 전문가가 부동산의 가치를 평가할 때를 생각해보자. 전문가는 수많은 정보 속에서 가치에 결정적인 영향을 미치는 핵심 요소를 가려내고, 그 요소들 간의 관계를 종합적으로 판단한다. 예를 들어, 아파트 바로 앞의 작은 공원보다는 2km 떨어진 곳에 대기업 본사가 들어선다는 소식에 훨씬 더 큰 가중치를 둘 것이다. 또한, 지하철역 개통이라는 사건이 주변 상권, 학군, 인구 구성에 순차적으로 어떤 영향을 미칠지 그 인과관계를 파악한다. 이처럼 정보의 중요도를 가려내고(Attention), 요소 간의 복잡

한 관계를 파악하는 인간의 사고방식을 모방한 인공지능 모델이 바로 '트랜스포머(Transformer)'이다.

트랜스포머는 본래 자연어 처리(번역, 챗봇 등)를 위해 개발되었지만, 그 핵심인 '어텐션 메커니즘(Attention Mechanism)' 덕분에 다양한 분야에서 혁신을 이끌고 있다.

어텐션 메커니즘을 쉽게 비유하자면, 마치 문장에서 가장 중요한 단어에 형광펜을 칠하는 것과 같다. 부동산 가치에 영향을 미치는 수많은 데이터(위치, 면적, 건축 연도, 교통, 학군, 개발 호재, 정책 변화, 금리 등)가 주어졌을 때, 어텐션 메커니즘은 이들 중 현재 시점에서 가장 중요한 정보가 무엇인지 스스로 학습하여 집중(Attention)한다. 즉, 모든 데이터를 동일한 비중으로 취급하는 것이 아니라, 특정 부동산의 가치를 예측하는 데 가장 결정적인 단서에 더 높은 '가중치'를 부여하는 것이다.

예를 들어, A 아파트의 가치를 분석할 때, '5년 전의 인근 지역 공시지가'보다는 '3개월 전 발표된 GTX 노선 확정' 정보에 훨씬 더 높은 어텐션 점수를 부여한다. 또한, B 상가의 가치를 예측할 때는 '건물 자체의 노후도'와 '주변 지역의 유동인구 변화 추이'라는 두 데이터 간의 상호 관계에 집중하여 가치를 분석한다.

이러한 어텐션 메커니즘을 기반으로 한 트랜스포머 구조는 시계열 데이터 분석에 특히 강력하다. 과거부터 현재까지 축적된 부동산 관련 데이터를 하나의 긴 '문장'처럼 간주하고, 그 안에서 가치 변동의 핵심적인 패턴과 인과관계를 놀라운 정확도로 포착해낸다.

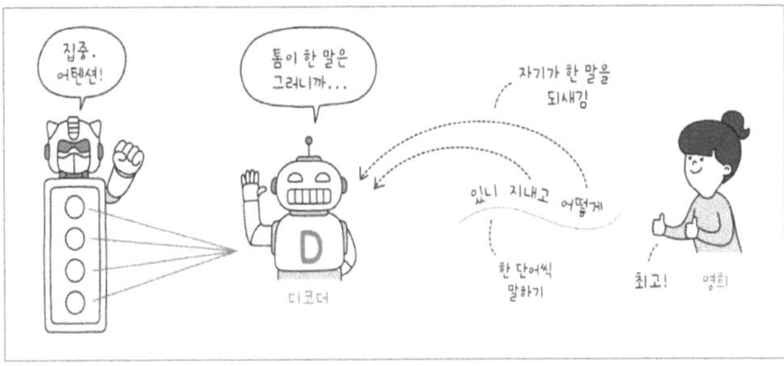

트랜스포머(transformer) 모델 쉽게 이해하기 어텐션 기반 메커니즘
https://www.hanbit.co.kr

트랜스포머는 단순히 'A가 오르면 B도 오른다'는 식의 표면적인 상관관계를 넘어, 복잡하게 얽힌 도시 데이터의 맥락(Context)을 이해하고 부동산의 미래 가치를 종합적으로 추론하는, 고도로 발달한 AI 분석가라 할 수 있다.

4.2. 트랜스포머의 어텐션 메커니즘을 기반으로 한 가상 사례

◆ 가상 사례 1: 복합 요인에 의한 아파트 가격의 동적 예측 모델

1) **상황**: 경기도 신도시에 위치한 '미래 아파트' 단지가 있다. 이 아파트의 가격은 단지 자체의 특성 뿐만 아니라, 주변 지역의 개발 계획, 교통망 변화, 교육 환경 변화 등 매우 복잡하고 다양한 요인에 의해 시시각각 영향을 받는다. 기존 통계 모델로는 이러한 비 정형적이고 동적인 요인들을 반영하여 미래 가격을 정확히 예측하기 어려웠다.

2) **트랜스포머 모델 적용**: 연구팀은 '미래 아파트'의 지난 10년간의 실거래가 데이터를 기본으로, 수십 가지의 관련 데이터를 함께 학습시킨다. 여기에는 정형 데이터(면적, 층수, 건축 연도 등)와 함께, 비정형·시계열 데이터가 포함된다.

(1) **교통 데이터:** 인근 지하철역 배차 간격 변화, 버스 노선 신설/폐지 이력, 광역급행철도(GTX) 계획 발표 및 공정률 데이터

(2) **개발 데이터:** 주변 지역 재개발 계획 발표, 대형 쇼핑몰 입점 발표, 기업 R&D 센터 착공 뉴스

(3) **교육/환경 데이터:** 인근 초등학교의 학업성취도 평가 결과 변동, 주변 공원 리모델링 및 녹지 면적 변화

(4) **소셜 데이터:** 부동산 커뮤니티의 '미래 아파트' 언급량 및 긍정/부정 감성 지수

트랜스포머 모델은 이 모든 데이터를 입력받아, 특정 시점의 아파트 가격을 예측할 때 어떤 요인에 얼마나 '집중'해야 하는지를 어텐션 스코어(Attention Score)라는 가상수치로 보여준다.

3) **가치 분석:** 2025년 8월 시점의 '미래 아파트' 110㎡(33평)의 6개월 후 가격을 예측하는 시뮬레이션을 수행했다.

(1) **어텐션 스코어 분석:**

- 'GTX-A 노선 개통 확정'(2년 전 뉴스): 0.85
- '인근 반도체 클러스터 조성 계획 발표'(6개월 전 뉴스): 0.78
- '단지 내 커뮤니티 시설 리모델링'(1년 전): 0.45
- '지난달 아파트 실거래가': 0.35
- '5km 거리 초등학교 신설'(3년 전): 0.15

4) **분석 결과:** 모델은 가장 높은 어텐션 스코어를 2년 전의 'GTX 개통 확정' 뉴스에 부여했다. 이는 다소 오래된 정보임에도 불구하고, 아파트의 광역 접근성을 획기적으로 바꾸는 가장 근본적인 동인이라고 판단했기 때문이다. 두 번째로 높은 스코어는 '반도체 클러스터 조성'에

부여되었는데, 이는 양질의 일자리 증가와 고소득 인구 유입이라는 장기적인 파급 효과의 맥락을 이해한 결과이다. 반면, '지난달 실거래가'와 같은 단기적이고 직접적인 정보에는 오히려 상대적으로 낮은 가중치를 부여했다.

5) 미래가치 예측: 이러한 어텐션 가중치를 종합하여, 모델은 6개월 후 '미래 아파트'의 가격이 현재 대비 약 12% 상승할 것이며, 상승 요인의 기여도는 GTX 관련 요인이 45%, 신규 산업단지 요인이 30%를 차지할 것이라는 구체적인 분석 결과를 제시한다. 이는 데이터 간의 복잡한 상호작용과 시간적 맥락을 꿰뚫어 보는 트랜스포머의 탁월한 능력을 보여주는 사례가 된다.

◆ 가상 사례 2: 대규모 도시재생 사업의 파급 효과 시뮬레이션

세운상가 일대 '도시재생'으로 재탄생된다 https://www.ancnews.kr

1) 상황: 서울의 노후화된 세운상가 일대에 대규모 복합개발 프로젝트가 추진된다. 이 프로젝트는 단순히 낡은 건물을 허물고 새로 짓는 것을 넘어, 주변의 종로, 을지로, 동대문 지역의 상권과 주거 환경, 교통 흐름에 연쇄적인 파급 효과를 미칠 것으로 예상된다. 시 정부는 이 프로젝트가 미래에 가져올 긍정적, 부정적 영향을 다각도로 예측하고자 한다.

2) 트랜스포머 모델 적용: 연구팀은 지난 20년간의 세운상가 일대 및 주변 지역(반경 3km)의 방대한 시계열 데이터를 트랜스포머 모델에 학습시킨다. 이 데이터는 필지 단위의 공시지가, 건물 용도 변경 이력, 유동인구 변화, 사업체 수 및 업종 변화, 교통량 변화 등을 포함한다. 이후, '세운상가 복합개발'이라는 가상의 이벤트를 모델에 입력하여 미래 변화를 시뮬레이션한다.

3) 미래 예측: 트랜스포머 모델은 복합개발 프로젝트 착공 후 10년간의 변화를 시뮬레이션하며, 특정 지역의 변화가 다른 지역과 시점에 어떻게 영향을 미치는지를 어텐션 맵(Attention Map) 형태의 가상수치로 시각화한다.

(1) **공간적 어텐션 분석**(Spatial Attention):

- 프로젝트 착공 3년 후, 을지로 인쇄 골목의 임대료를 예측할 때, 모델은 지리적으로 가장 가까운 세운상가 개발 지역뿐만 아니라, 2km 떨어진 동대문 패션 상권의 의류 원단 수요 데이터에 높은 어텐션(상관계수 0.75)을 보였다. 이는 개발로 인해 인쇄소가 외곽으로 이전하면, 동대문 상권의 원단 공급망에도 차질이 생겨 상호작용할 것이라는 복합적인 관계를 모델이 이해하고 있음을 의미한다.

(2) **시간적 어텐션 분석**(Temporal Attention):

- 프로젝트 착공 5년 후, 종로3가 귀금속 상가의 공실률을 예측할 때, 모델은 1~2년 전의 단기 데이터가 아닌, 8년 전의 상가 권리금 데이터에 높은 어텐션(상관계수 0.68)을 부여했다. 이는 장기적인 상권의 흥망성쇠 패턴과 현재의 개발 충격이 어떻게 결합될지를 분석한 결과로, 단기 시계열 분석으로는 발견하기 어려운 장기 의존성(Long-range Dependency)을 포착한 것이다.

4) 종합 예측 결과: 시뮬레이션 결과, 복합개발은 세운상가 자체의 부동산 가치를 10년간 350% 상승시키지만, 이로 인한 임대료 급등이 기존의 소규모 기술 공방들을 외곽으로 밀어내면서, 5년 후부터는 오히려 을지로 일대의 산업생태계 다양성이 40% 감소하는 부정적인 효과도 함께 예측되었다. 또한, 이 개발로 인해 발생하는 추가 유동인구를 감당하지 못해, 청계천로의 평균 차량 속도가 25% 감소할 것이라는 교통 문제도 구체적인 수치로 제시하였다.

이처럼 트랜스포머 모델은 대규모 도시계획이 마치 나비효과처럼 도시 전체에 미치는 복잡하고 다층적인 영향을 시간과 공간을 넘나들며 분석하고 예측한다. 이를 통해 정책 결정자는 눈앞의 개발 이익 뿐만 아니라, 장기적이고 광범위한 파급 효과까지 고려한 균형 잡힌 의사결정을 내릴 수 있게 되는 것이다.

5. 확산모델(Diffusion Model)을 이용한 도시부동산 이미지 생성과 가상사례

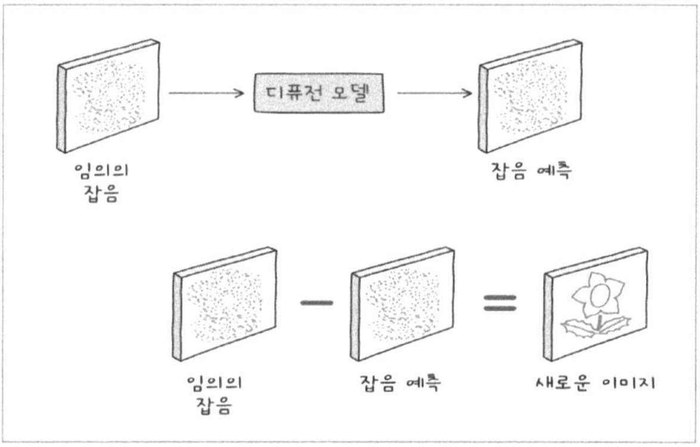

[2025 수능 국어 지문 출제] 디퓨전 모델(diffusion model)
https://www.hanbit.co.kr

5.1. 무에서 상상의 도시를 창조하는 인공지능

아무것도 없는 백지 위에, 혹은 무작위의 노이즈(noise) 속에서 우리가 상상하는 미래 도시의 모습을 완벽하게 그려낼 수 있는 인-공지능이 있다면 어떨까? 마치 '녹지 비율 40% 이상의 친환경 주거단지, 자하 하디드 풍의 유기적인 건축물, 저녁노을이 비치는 시간대'와 같은 언어적 명령만으로 실제 사진과 구분할 수 없는 수준의 도시 경관 이미지를 생성하는 기술, 이것이 바로 '확산 모델(Diffusion Model)'이 가진 놀라운 능력이다.

확산 모델의 작동 원리는 '파괴'와 '복원'이라는 두 가지 과정에 기반한다. 먼저, 학습 단계에서는 수백만 장의 실제 도시 이미지를 가져와 의도적으로 점진적인 노이즈를 추가한다. 이는 선명한 사진이 점차 알아볼 수 없는 지지직거리는 노이즈 덩어리로 변하는 과정, 즉 질서 있는 상태를 무질서한 상태로 '확산'시키는 것과 같다. 이 과정을 통해 모델은 이미지가 어떻게 파괴되는지를 단계별로 철저하게 학습한다.

핵심은 그 다음 단계인 '복원' 과정에 있다. 모델은 완전한 노이즈 상태에서부터 출발하여, 학습했던 파괴 과정을 정확히 역으로 거슬러 올라가며 노이즈를 한 단계씩 제거해 나간다. 이는 마치 조각가가 돌덩어리에서 불필요한 부분을 쪼아내며 점차 형상을 만들어가듯, 무질서 속에서 질서를 찾아내며 원본 이미지를 복원해내는 것과 같다. 이 수많은 복원 단계를 거치면, 완전한 노이즈는 마침내 선명하고 새로운 이미지로 재탄생하게 된다.

도시부동산 분야에서 확산 모델의 진정한 가치는 이 복원 과정에 우리의 '의도'를 개입시킬 수 있다는 점에서 발현된다. 즉, '판교 테크노밸리와 뉴욕 센트럴파크를 결합한 느낌의 미래 오피스 단지'와 같은 텍스트 프롬프트(text prompt)나, 특정 용적률, 건폐율, 건물 높이와 같은 설계 조건을 제시하면, 모델은 이 조건을 만족시키면서 완전한 노이즈로부터 가장 그럴듯한 도시 이미지를 '창조'해낸다. 이는 단순히 기존 이미지를 조합하거나 변형하는 수준을 넘어, 세상에 존재하지 않았던 창의적이고 구체적인 도시의 비전을 무한에 가깝게 시각화할 수 있음을 의미한다. 확산 모델은 도시계획가와 부동산 개발자의 상상력을 현실의 눈앞에 펼쳐 보이는 가장 강력한 시각적 도구가 되는 것이다.

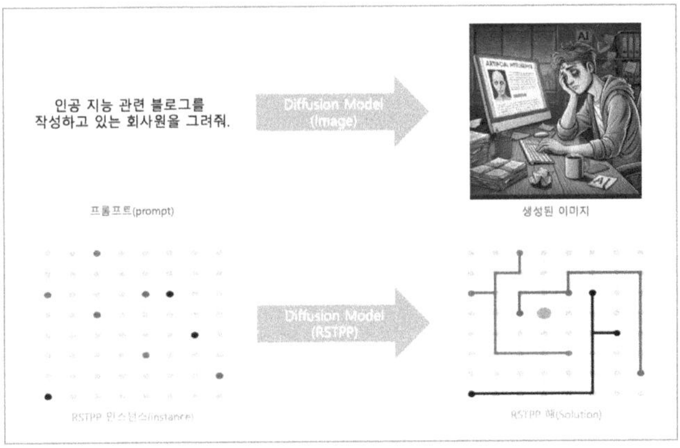

[ICML 2024] 확산 모델(Diffusion Model) 을 이용한 조합 최적화풀기
https://www.lgresearch.ai

5.2. 확산 모델을 이용한 가상 사례

◆ 가상 사례 1: 노후 저층 주거지의 미래형 재개발 시나리오 생성

1) **상황**: 인구 감소와 건물 노후화 문제를 겪고 있는 부산의 한 구릉지 마을은 전면 철거 방식의 재개발에 대한 주민 반대가 심한 상황이다. 시청 도시계획과는 주민들의 공감대를 형성하고, 창의적인 대안을 모색하기 위해 확산 모델을 활용하여 다양한 미래 비전을 제시하고자 한다.

2) 확산 모델 적용: 연구팀은 AI 모델에 다음과 같은 텍스트 프롬프트와 가상수치 기반의 설계 조건을 결합하여 입력한다.

(1) **프롬프트 1(친환경 커뮤니티):** "부산의 구릉지 지형을 그대로 살린 테라스 하우스, 단지 중앙에는 주민 커뮤니티 시설과 연결된 녹지 공원, 태양광 패널이 설치된 건물 지붕, 15분 생활권 개념이 적용된 보행자 중심의 골목길"

(2) **설계 조건:** 용적률 220%, 녹지 비율 35%, 최고 층수 7층 이하, 주민 커뮤니티 시설 면적 5,000㎡

(3) **프롬프트 2(문화예술 특화마을):** "기존 골목길과 건물의 일부를 보존 및 리모델링, 젊은 예술가들을 위한 공방과 갤러리, 주말마다 플리마켓이 열리는 중앙 광장, 부산항이 내려다보이는 위치의 전망대 카페, 한국 전통 건축 양식이 가미된 외관"

(4) **설계 조건:** 용적률 180%, 기존 건물 존치율 30%, 문화시설 용도 비율 25%

3) 결과 및 활용: 확산 모델은 각 시나리오에 맞춰 수백 장의 극사실적인 투시도와 조감도 이미지를 생성했다. 첫 번째 시나리오 이미지에는 햇살이 비치는 테라스에서 주민들이 담소를 나누는 모습, 아이들이 안전한 골목길에서 뛰어노는 모습 등이 생생하게 담겼다. 두 번째 시나리오 이미지에는 오래된 벽돌 건물과 세련된 현대 건축이 조화를 이루고, 관광객과 주민들이 어우러져 활기가 넘치는 마을의 풍경이 그려졌다.

(1) **주민 참여 및 의사결정:** 이 이미지들은 주민 설명회에서 VR 기기를 통해 체험형 콘텐츠로 제공되었다. 추상적인 설계 도면 대신 눈앞에 펼쳐지는 미래의 모습을 직접 본 주민들의 반응은 폭발적이었

다. 설문조사 결과, 재개발 프로젝트에 대한 긍정적 여론이 기존 35%에서 85%로 급상승했다.

(2) **사업성 검토 및 투자 유치:** 생성된 이미지는 프로젝트의 비전과 가치를 직관적으로 전달하는 핵심 도구가 되었다. 이를 바탕으로 잠재적 투자자들에게 사업 제안을 한 결과, 초기 투자 유치 목표액을 50% 초과 달성하는 성과를 거두었다. 이처럼 확산 모델은 막연한 개발 계획을 구체적이고 매력적인 현실로 시각화하여, 사회적 합의와 경제적 타당성을 확보하는 결정적인 역할을 수행한 것이다.

◆ 가상 사례 2: 신규 조례에 따른 상업지구 용도 변화 시각화

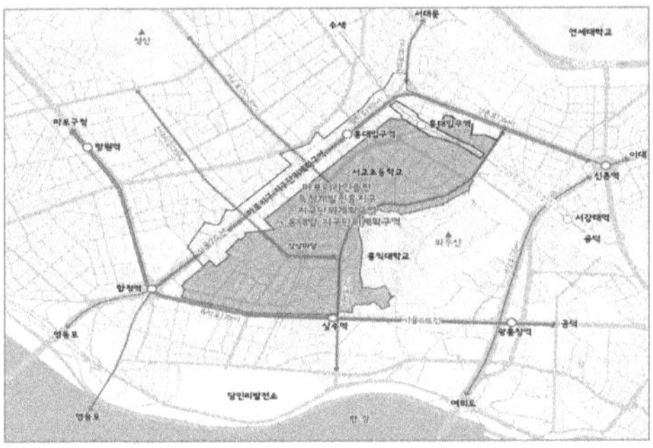

마포 디자인·출판 진흥지구, 홍대 전역으로 확대 | 연합뉴스
https://www.yna.co.kr

1) **상황:** 서울시 마포구는 특정 상업지역의 젠트리피케이션을 완화하고 도시의 활력을 증진하기 위해, 건물 저층부(1~3층)에 문화 및 집회시설(소규모 공연장, 갤러리 등) 용도를 허용하고 용적률 인센티브를 제공하는 새로운 지구단위계획을 수립했다. 그러나 건물주와 투자자들은 이러한 용도 변경이 부동산 가치에 미칠 영향을 확신하지 못하고 있었다.

2) **확산 모델 적용:** 도시 시뮬레이션팀은 해당 지역의 현재 건축물 데이터를 기반으로, 신규 조례가 적용되었을 때 10년 후의 도시 경관이 어떻게 변할지를 시각화한다.

(1) **프롬프트:** "서울 마포구의 번화한 이면도로, 1층에는 야외 테라스가 있는 카페와 독립 서점이 있고, 2층에는 작은 라이브 공연장, 3층에는 공유 오피스가 입주한 10층 규모의 복합용도 건물. 네온사인과 거리 예술이 어우러져 활기친 밤 풍경"

(2) **가상수치 조건:** 저층부(1~3층) 비상업시설 비율 50% 이상일 경우, 기존 용적률 800% → 인센티브 적용 950%

확산 모델은 이 조건을 바탕으로, 기존의 획일적인 프랜차이즈 상가 건물이 다채로운 문화 콘텐츠를 담은 복합 공간으로 변화하는 모습을 수십 가지 디자인 변형을 포함하여 생성했다. 생성된 이미지들은 단순히 건물의 외관만 바꾼 것이 아니라, 늘어난 유동인구, 야간 조명, 거리의 활기까지 사실적으로 묘사했다.

3) **결과 및 경제적 가치 분석:** 생성된 미래 경관 이미지와 함께 관련 빅데이터(유사 사례 지역의 유동인구 변화, 문화시설 방문객 소비 패턴 등)를 결합하여 경제적 효과를 분석했다.

(1) **부동산 가치 예측:** 시뮬레이션 결과, 신규 조례를 적용하여 복합용도 건물로 신축할 경우, 단일 상업용도 건물일 때보다 준공 5년 후 건물의 전체 자산 가치가 평균 18% 더 높을 것으로 예측되었다. 이는 임대료 수입의 안정성 증대(다양한 임차인 구성)와 문화적 가치로 인한 집객 효과가 반영된 결과이다.

(2) **상권 활성화 예측:** 생성된 이미지를 통해 예측한 거리의 활력도를 기

반으로 분석한 결과, 해당 지역의 야간 유동인구가 현재 대비 40% 증가하고, 방문객의 평균 체류 시간이 1.5시간 늘어날 것으로 전망되었다. 이는 상권 전체의 매출 증대로 이어질 것임을 시사한다.

이 가상 시뮬레이션 결과는 건물주와 투자자들에게 신규 조례가 단순한 규제가 아닌, 새로운 사업 기회이자 자산 가치 상승의 동력이 될 수 있다는 확신을 주었다. 확산 모델은 눈에 보이지 않는 정책과 법규의 미래 효과를 구체적인 이미지와 데이터로 번역하여, 민간 부문의 자발적인 참여를 유도하고 성공적인 도시 변화를 이끄는 핵심적인 소통 도구가 될 수 있음을 증명한 것이다.

6. 생성형 AI 기반의 도시부동산 가치 변동 시나리오 자동 생성기법과 가상사례

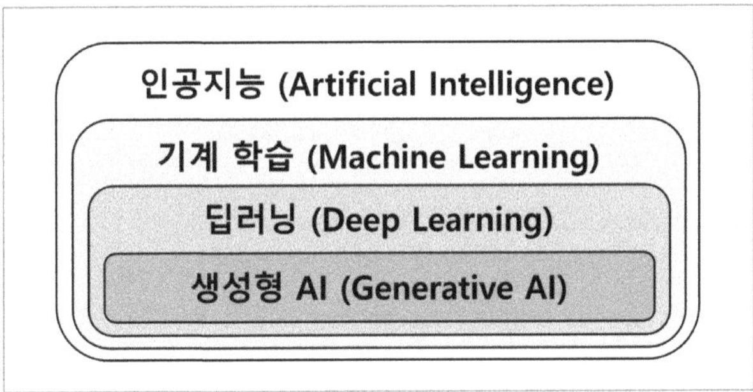

생성형 AI(Generative AI) 도리의 디지털라이프
https://blog.skby.net

6.1. 미래의 모든 가능성을 써 내려가는 인공지능 작가

도시의 미래는 단 하나의 정해진 길이 아니라, 수많은 변수가 얽혀 만들어내는 무한한 가능성의 집합체이다. 만약 금리가 급등한다면? 새로운

교통망 계획이 발표된다면? 기후 변화로 인해 예상치 못한 자연재해가 발생한다면? 이러한 변수 하나하나가 도시부동산의 가치를 예측하는 시나리오를 완전히 뒤바꿀 수 있다.

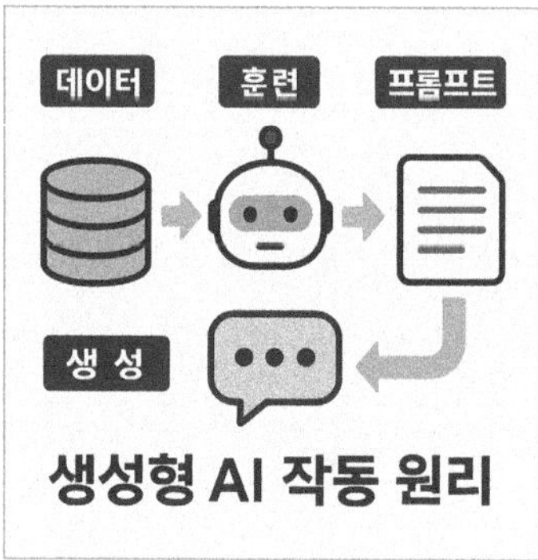

제1장 생성형 인공지능의 이해 https://wikidocs.net

과거에는 뛰어난 전문가 집단이 모여 제한된 데이터를 바탕으로 몇 가지 대표적인 시나리오를 수립하는 것이 최선이었다. 하지만 이제, 생성형 AI(Generative AI) 기술은 마치 수천 명의 전문가가 동시에 각기 다른 미래를 써 내려가듯, 데이터에 기반한 수십, 수백 개의 상세한 미래 시나리오를 순식간에 자동으로 생성해낸다.

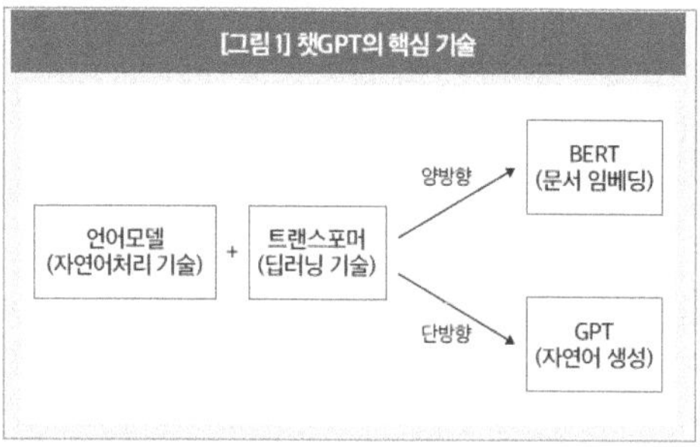

챗GPT는 무엇인가? 인공지능 언어 모델의 발전 역사
https://m.blog.naver.com

이 기법의 핵심에는 챗GPT(ChatGPT)와 같은 “거대 언어 모델(Large Language Model, LLM)”이 있다. 이 AI 모델들은 인터넷의 방대한 텍스트 데이터, 즉 수많은 뉴스 기사, 연구 보고서, 정책 문서, 경제 분석 자료 등을 학습하여 인간의 언어와 지식, 그리고 논리적 추론 능력을 모방한다. 여기에 도시의 인구 통계, 부동산 실거래가, 건축물 정보, 교통 데이터, 개발 계획 등 정량적인 데이터를 결합하여 입력한다.

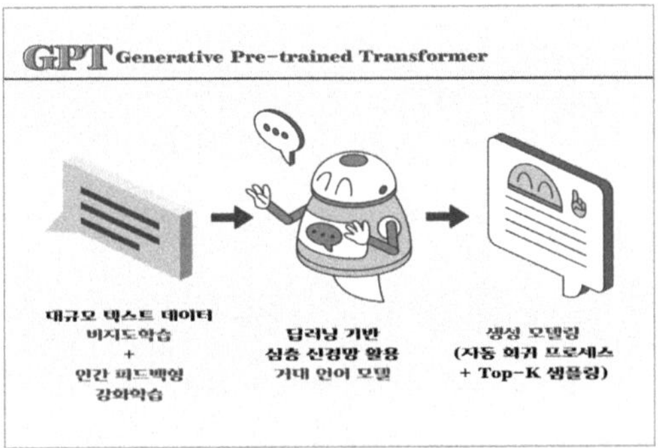

생성형 AI 언어 모델의 HRD 활용 방안
https://www.inkium.com

그러면 생성형 AI는 주어진 데이터를 바탕으로 특정 사건이나 정책이 미래에 어떤 연쇄 반응을 일으킬지를 논리적인 서사, 즉 ‘내러티브(Narrative)’를 갖춘 시나리오로 풀어낸다. 이는 단순히 ‘가격이 10% 상승할 것이다’라는 건조한 예측을 넘어, “정부의 A 정책으로 인해 B 지역의 첨단 산업 유치가 가속화되고, 이로 인해 20~30대 고소득 전문직 인구가 유입되면서 소형 고급 주거시설에 대한 수요가 급증하여, 5년 후 이 지역의 아파트 중위 가격은 C만큼 상승할 것이다”와 같이 원인과 결과, 그리고 그 과정이 담긴 구체적인 이야기로 미래를 제시한다.

특히 이 기술의 강점은 '만약(What-if)' 분석에 있다. 우리가 궁금한 변수(예: 금리 2%p 인상, 용적률 100%p 상향)를 조건으로 제시하면, AI는 그 조건이 반영된 새로운 미래 시나리오를 즉각적으로 생성해낸다. 이를 통해 정책 결정자와 투자자는 다양한 가능성을 미리 시뮬레이션해보고, 각 시나리오별 리스크와 기회를 파악하며 최적의 전략을 수립할 수 있다. 생성형 AI 기반의 시나리오 자동 생성기법은 불확실한 미래를 항해하는 도시계획 및 부동산 시장에 가장 정교하고 신뢰도 높은 나침반을 제공하는 혁신적인 방법론인 것이다.

6.2. 생성형 AI(Generative AI) 기술을 활용한 가상 가례

◆ 가상 사례 1: 신규 지하철 노선 개통에 따른 역세권의 다층적 미래 시나리오

1) 상황: 수도권 외곽의 E 신도시에 신규 지하철 노선 착공이 확정되었다. 하지만 개통까지는 7년이 남았으며, 그 사이의 국내외 경제 상황, 정부의 부동산 정책, 신도시의 자족 기능 확보 여부 등 수많은 불확실

이 동네 올해안 역세권 된다 https://www.donga.com

성이 존재한다. 한 부동산 컨설팅 기업은 생성형 AI를 활용하여 투자자들에게 다각적인 의사결정 정보를 제공하고자 한다.

2) 생성형 AI 적용: AI 모델에 신규 노선 계획과 E 신도시의 현재 데이터(인구, 주택 가격, 상권 현황 등)를 기본 정보로 입력한다. 여기에 다음과 같은 핵심 변수들에 대한 가상수치 기반의 상이한 전망치를 조건으로 부여한다.

(1) 거시 경제: (낙관적) 기준금리 안정 및 1%대 성장, (중립적) 현 수준 유지, (비관적) 기준금리 2%p 상승 및 마이너스 성장
(2) 정부 정책: (완화적) DSR 규제 완화 및 양도세 인하, (현상 유지), (강화적) 다주택자 중과세 및 대출 규제 강화
(3) 자족 기능: (성공적) 인근 산업단지에 대기업 본사 2곳 유치 성공, (보통) 중소기업 위주 입주, (실패) 산업단지 공실률 30% 이상

생성형 AI는 이 변수들의 조합을 통해 수십 개의 시나리오를 생성하고, 그중 가장 대표적인 3개의 내러티브 시나리오를 보고서 형태로 자동 작성했다.

3) 결과 및 시나리오별 예측:

- 시나리오 1: '골든 타임'(최상의 시나리오 - 발생 확률 15%)

"안정적인 경제 성장과 완화적 부동산 정책에 힘입어 주택 구매 심리가 살아나고, 대기업 유치 성공으로 E 신도시는 수도권 남부의 핵심 자족도시로 급부상한다. 지하철 개통 1년 전부터 투자 수요가 폭발적으로 유입되어, 역 반경 500m 내 아파트 평균 매매가는 현재 대비 120% 상승하며, 상업시설 공실률은 1% 미만을 기록할 것이다."

• 시나리오 2: '완만한 성장'(가장 가능성 높은 시나리오 - 발생 확률 60%)

"거시 경제의 불확실성이 지속되고 정부 정책이 현상 유지되는 가운데, 신도시의 자족 기능은 중소기업 중심으로 점진적으로 확보된다. 지하철 개통은 분명한 호재로 작용하나, 그 효과는 역세권 핵심 지역에 집중된다. 개통 시점 역세권 아파트 가격은 현재 대비 65% 상승하고, 비역세권과의 가격 격차는 현재 1.5배에서 2.5배로 심화될 것이다."

• 시나리오 3: '잃어버린 7년'(최악의 시나리오 - 발생 확률 25%)

"금리 급등과 강력한 부동산 규제가 맞물려 시장이 침체기에 진입하고, 산업단지 유치 실패로 신도시가 베드타운으로 전락한다. 지하철 개통 효과는 미미하며, 높은 분양가에 공급된 신축 아파트는 미분양 상태가 지속될 수 있다. 개통 후에도 역세권 아파트 가격 상승률은 물가상승률 수준인 20%에 그칠 것이다."

이처럼 생성형 AI는 각기 다른 미래를 눈앞에 펼쳐 보이듯 구체적인 이야기와 수치로 제시함으로써, 투자자가 자신의 위험 감수 성향에 맞춰 최적의 투자 시점과 전략을 수립하도록 돕는 강력한 의사결정 지원 도구가 된다.

◆ 가상 사례 2: 기후 변화 대응 정책이 해안 도시부동산에 미치는 영향 분석

1) **상황:** 해수면 상승과 태풍의 위협에 직면한 해안 도시 F시는 기후 변화에 대응하기 위한 장기 도시계획을 수립해야 한다. 시 정부는 '적극적 재정 투자(방조제 강화, 친환경 인프라 구축)'와 '소극적 대응(현상 유지)'이라는 두 가지 정책 방향이 30년 후 도시의 부동산 지도에 어떤

차이를 가져올지 시뮬레이션하고자 한다.

2) **생성형 AI 적용:** AI 모델에 F시의 지리정보(GIS), 해수면 상승 시뮬레이션 데이터, 건물 데이터, 인구 분포 등을 학습시킨다. 그리고 두 가지 상반된 정책 시나리오를 명령어로 입력한다.

- **시나리오 A(적극적 투자):** "향후 30년간 연간 예산의 5%(가상수치)를 기후 대응 인프라(스마트 방조제, 해안림, 투수성 포장 등)에 투자하는 시나리오"
- **시나리오 B(소극적 대응):** "기후 대응 투자를 최소화하고, 피해 발생 시 사후 복구에 집중하는 시나리오"

생성형 AI는 각 시나리오가 도시의 물리적 환경, 산업 구조, 인구 이동, 그리고 최종적으로 부동산 가치에 미치는 장기적인 연쇄 효과를 내러티브(Narative) 형식으로 생성했다.

3) **결과 및 시나리오별 미래상:**

- **시나리오 A(적극적 투자)의 미래 - '지속가능한 해양생태도시'**

  "초기 10년간의 집중적인 투자로 F시의 해안가는 안전하고 쾌적한 수변 공간으로 재탄생한다. 스마트 방조제는 태풍 피해를 성공적으로 방어하며, 해안림과 생태공원은 도시의 새로운 관광 자원이 된다. 침수 위험이 사라진 해안가 저지대는 '그린 프리미엄'이 형성되어, 30년 후 해당 지역의 부동산 가치는 현재 대비 평균 250% 상승한다. F시는 기후 위기 시대의 새로운 도시 모델로 주목받으며, 친환경 기술 관련 기업과 인재가 모여들어 도시 전체의 경제적 위상이 높아질 것이다."

• 시나리오 B(소극적 대응)의 미래 - '쇠퇴하는 회색 해안'

"반복되는 침수와 태풍 피해로 해안가 저지대는 상습적인 재해 지역으로 전락한다. 주민들은 점차 내륙의 고지대로 이주하며, 해안 지역은 슬럼화가 가속화된다. 30년 후, 해안가 반경 1km 내 주거지역의 부동산 가치는 현재의 40% 수준으로 폭락하고, 관련 보험 가입이 거절되는 사태가 발생한다. 잦은 재해 복구 비용은 시의 재정을 압박하고, 도시의 성장 동력을 잃어버린 F시는 인구 유출이 심화되는 쇠퇴 도시가 될 것이다."

이 시뮬레이션은 단기적인 비용 부담을 이유로 기후 변화 대응을 미루는 것이 미래에 얼마나 큰 사회적, 경제적 손실을 초래하는지를 명확한 이야기와 데이터로 보여준다. 생성형 AI가 생성한 두 개의 극명한 미래 시나리오는 시 정부와 시민들이 장기적인 관점에서 현명한 정책적 결정을 내리도록 하는 결정적인 근거 자료로 활용될 수 있다.

7. 생성형 AI 시나리오 기반 도시부동산 투자 의사결정과 가상사례.

7.1. 미래 시나리오를 위한 투자 비행 시뮬레이터, 생성형 AI

생성형 AI가 수백 개의 정교한 미래 시나리오를 자동으로 생성할 수 있다는 사실은, 이제 우리가 그 미래를 바탕으로 '최적의 투자 결정'을 내릴 수 있는 시대가 열렸음을 의미한다. 생성형 AI 기반의 투자 의사결정 모델은 마치 고도로 발달한 '투자를 위한 비행 시뮬레이터'와 같다. 비행기 조종사가 실제 비행에 앞서 시뮬레이터 안에서 수없이 많은 비상 상황과 기후 조건을 경험하며 최적의 대응법을 훈련하듯, 투자자는 생성형 AI

가 만들어낸 수많은 미래 시나리오 속에서 자신의 투자 전략이 어떤 결과를 낳을지를 미리 시뮬레이션해볼 수 있다.

이 기법의 작동 방식은 다음과 같다. 먼저, 생성형 AI는 우리가 앞서 살펴본 바와 같이, 특정 지역이나 부동산 자산에 영향을 미칠 수 있는 모든 변수(거시 경제, 정책, 사회, 기술 등)를 조합하여 수백, 수천 개의 가능한 미래 시나리오를 생성한다. 중요한 점은, AI가 각 시나리오가 현실에서 발생할 '확률(Probability)'을 데이터에 기반하여 계산해낸다는 것이다. 예를 들어, 'A 시나리오는 25%의 확률로, B 시나리오는 10%의 확률로 발생할 것이다'와 같이 각각의 미래에 가중치를 부여한다.

다음으로, 투자자가 고려 중인 투자 포트폴리오(예: A 아파트 60%, B 상가 40%에 투자)를 이 시뮬레이션에 입력한다. 그러면 AI는 생성된 모든 시나리오에 해당 포트폴리오를 각각 대입하여 예상되는 수익률, 손실률, 변동성 등 다양한 재무 지표를 계산해낸다. 이 과정을 통해 투자자는 단 하나의 예측치에 의존하는 것이 아니라, 자신의 투자 전략이 마주할 수 있는 미래 결과의 전체 분포를 한눈에 파악하게 된다.

결과적으로 투자자는 '나의 투자 전략은 평균적으로 X%의 수익률이 기대되지만, 최악의 1% 시나리오에서는 Y%의 손실을 볼 수 있다(Value at Risk, VaR).' 또는 '내 목표 수익률 Z%를 달성할 확률은 총 W%이다.' 와 같은 확률 기반의 정교한 투자 분석 리포트를 받아보게 된다. 이는 더 이상 전문가의 직감이나 제한된 정보에 기댄 '감의 영역'이 아닌, 데이터와 확률에 기반한 '과학의 영역'에서 투자를 결정하게 됨을 의미하는 것이다.

◆ 가상 사례 1: 생애 첫 주택 구매자의 최적 선택지 탐색

1) **상황**: 30대 신혼부부인 김영준, 이수진 씨는 8억 원의 예산으로 생

애 첫 주택을 마련하고자 한다. 이들 앞에는 두 가지 선택지가 있다. 하나는 서울 마포구의 구축 대단지 아파트(A)로, 생활 인프라는 우수하지만 가격 상승 여력은 크지 않을 것으로 예상된다. 다른 하나는 최근 GTX 노선 신설이 확정된 용인 플랫폼시티 인근의 신축 아파트(B)로, 미래 가치는 높아 보이지만 시장 변동성에 따른 위험 부담도 크다.

2) **생성형 AI 기반 투자자문 서비스 적용:** 이들 부부는 은행의 'AI 부동산 투자자문 서비스'를 이용한다. 서비스에 자신들의 예산(8억 원), 투자 목표 기간(10년), 그리고 위험 감수 성향(중립형)을 입력하고, A와 B 아파트의 정보를 기입한다. AI는 향후 10년간 발생 가능한 1,000개의 거시경제 및 부동산 정책 시나리오를 생성하고, 각 시나리오에서 A와 B 아파트의 자산 가치가 어떻게 변동할지를 시뮬레이션 한다.

3) **분석 결과:** AI는 다음과 같은 가상수치 기반의 비교 분석 리포트를 제공했다.

구분	A 아파트(마포 구축)	B 아파트(용인 신축)
10년 후 기대수익률(평균)	75%	150%
최상위 5% 시나리오 수익률	120%	400%
최하위 5% 시나리오 수익률	-5%	-40%
목표수익률(100%) 달성 확률	20%	55%

4) AI 분석 리포트:

- "B 아파트는 기대수익률과 목표 달성 확률 모두 A 아파트보다 월등히 높다. 하지만, 비관적 경제 시나리오가 발생할 경우, 자산 가치가 최대 40%까지 하락할 수 있는 높은 위험을 내포하고 있다. 반면 A 아파트는 상승 잠재력은 낮지만, 최악의 경우에도

-5% 수준의 안정적인 가치 방어가 가능하다. 고객님의 '중립형' 투자 성향을 고려할 때, B 아파트를 '몰빵' 투자하는 것은 권장되지 않는다."

5) **최종 의사결정:** AI는 단순히 두 선택지를 비교하는 것을 넘어, 부부의 위험 성향에 맞춘 최적의 대안을 제시한다. "A 아파트를 매수하여 안정적인 주거와 자산 방어를 확보하고, 총 예산의 20%인 1억 6천만 원은 B 아파트 지역의 개발 호재를 공유하면서도 변동성은 낮은 인근 지역의 상장 리츠(REITs)에 투자하여 추가 수익을 추구하는 포트폴리오가 고객님의 위험 대비 기대수익률을 극대화하는 최적의 전략이다." 이 분석을 통해 부부는 막연한 불안감을 해소하고 데이터에 기반한 합리적인 결정을 내릴 수 있었다.

◆ 가상 사례 2: 부동산 펀드의 상업용 부동산 포트폴리오 최적화

1) **상황:** 1조 원의 자금을 운용하는 한 자산운용사는 향후 5년간 서울의 상업용 부동산 시장에 투자하고자 한다. 투자 대상은 크게 세 가지, 즉 강남권역(GBD)의 프라임 오피스, 이커머스 성장에 따른 인천/평택권의 대형 물류센터, 그리고 관광객 회복이 기대되는 명동의 리테일(상가) 자산이다. 각 섹터별로 위험과 기회 요인이 뚜렷하여 최적의 자산 배분 전략 수립이 필요한 상황이다.

2) **생성형 AI 기반 기관투자자 솔루션 적용:** 운용사는 생성형 AI 기반의 포트폴리오 최적화 솔루션을 활용한다. 솔루션에 총 투자금(1조 원), 투자 기간(5년), 목표 수익률(연평균 8%)을 입력한다. AI는 금리 변동, 이커머스 침투율, 국제 관광객 수 회복 속도, 재택근무 트렌드 등 수십 개의 핵심 변수를 조합하여 5,000개의 미래 시장 시나리오를 생성한다.

3) **투자 전략 수립:** AI는 각 시나리오별로 세 가지 자산군의 예상 수익률을 계산하고, 이를 종합하여 위험 대비 수익률이 가장 높은 최적의 포트폴리오 조합을 가상수치로 도출했다.

(1) **AI 생성 핵심 시나리오 예시: '디지털 가속화와 제한적 경기 회복'(발생 확률 30%)**

- GBD 프라임 오피스: 재택근무 확산으로 공실률 소폭 상승, 5년간 누적 수익률 +15%.
- 인천/평택 물류센터: 이커머스 폭발적 성장 지속, 5년간 누적 수익률 +80%.
- 명동 리테일 자산: 더딘 관광객 회복세로 임대료 하락, 5년간 누적 수익률 -10%.

(2) **최종 포트폴리오 제안:** 5,000개 시나리오 전체를 시뮬레이션한 결과, AI는 다음과 같은 자산 배분 전략을 최적의 안으로 제시했다.

- 강남권 프라임 오피스: 40%(4,000억 원)
  역할: 포트폴리오의 안정성을 확보하는 '앵커 자산'.
- 인천/평택권 물류센터: 50%(5,000억 원)
  역할: 포트폴리오의 성장을 주도하는 '핵심 성장 엔진'.
- 명동 리테일 자산: 10%(1,000억 원)
  역할: 높은 위험을 감수하고 폭발적인 회복에 베팅하는 '소규모 위성 자산'.

4) **위험 관리:** 이 포트폴리오의 5년 후 전체 기대수익률은 '45%'이며, 99% 신뢰수준의 VaR(최대예상손실액)는 -8%'로 계산되었다. 이는 100번 중 99번의 경우, 손실이 나더라도 원금의 8%인 800억 원을 넘지 않을 것이라는 의미이다. 이처럼 구체적인 위험 수치를 통해 펀드는 투

자자들에게 매우 과학적이고 신뢰도 높은 근거를 바탕으로 투자 전략을 설명하고 자금을 모집할 수 있게 되는 것이다.

참고문헌

Barrero, J. M., Bloom, N., & Davis, S. J. (2023). The evolution of working from home. Journal of Economic Perspectives, 37(1), 23-46.

Batty, M. (2013). The new science of cities. MIT Press.

Bettencourt, L. M. A. (2013). The origins of scaling in cities. Science, 340(6139), 1438-1441.

Bishop, C. M. (2006). Pattern recognition and machine learning. Springer.

Bloom, N., Liang, J., Roberts, J., & Ying, Z. J. (2015). Does working from home work? Evidence from a Chinese experiment. Quarterly Journal of Economics, 130(1), 165-218.

Breiman, L. (2001). Random forests. Machine Learning, 45(1), 5-32.

Brynjolfsson, E., & McAfee, A. (2014). The second machine age: Work, progress, and prosperity in a time of brilliant technologies. W. W. Norton & Company.

Carbone, P., Katsifodimos, A., Ewen, S., Markl, V., Haridi, S., & Tzoumas, K. (2015). Apache Flink: Stream and batch processing in a single engine. Bulletin of the IEEE Computer Society Technical Committee on Data Engineering, 36(4), 28-38.

Chandola, V., Banerjee, A., & Kumar, V. (2009). Anomaly detection: A survey. ACM Computing Surveys, 41(3), 1-58.

Chen, M., Mao, S., & Liu, Y. (2014). Big data: A survey. Mobile Networks and Applications, 19(2), 171-209.

Cheshire, P., & Sheppard, S. (1998). Estimating the demand for housing, land, and neighbourhood characteristics. Oxford Bulletin of Economics and Statistics, 60(3), 357-382.

Clark, G. L., Gertler, M. S., & Feldman, M. (Eds.). (2016). The Routledge handbook of cities and economics. Routledge.

de Montjoye, Y.-A., Hidalgo, C. A., Verleysen, M., & Blondel, V. D. (2013). Unique in the crowd: The privacy bounds of human mobility. Scientific Reports, 3(1376), 1–5.

DeFilippis, E., Impink, S. M., Singell, M., Polzer, J. T., & Sadun, R. (2020). Collaborating during coronavirus: The impact of COVID-19 on the nature of work. NBER Working Paper No. 27612.

Doshi-Velez, F., & Kim, B. (2017). Towards a rigorous science of interpretable machine learning. arXiv preprint arXiv:1702.08608.

Einav, L., & Levin, J. (2014). Economics in the age of big data. Science, 346(6210), 1243089.

Florida, R. (2002). The rise of the creative class. Basic Books.

Freeman, A. M. (1979). Hedonic prices, property values and measuring environmental benefits: A survey of the issues. Scandinavian Journal of Economics, 81(2), 154–173.

Gama, J., Žliobaitė, I., Bifet, A., Pechenizkiy, M., & Bouchachia, A. (2014). A survey on concept drift adaptation. ACM Computing Surveys, 46(4), 1–37.

Gandomi, A., & Haider, M. (2015). Beyond the hype: Big data concepts, methods, and analytics. International Journal of Information Management, 35(2), 137–144.

Gebru, T., Krause, J., Wang, Y., Chen, D., Deng, J., Aiden, E. L., & Fei-Fei, L. (2017). Using deep learning and Google Street View to estimate the demographic makeup of neighborhoods. PNAS, 114(50), 13108–13113.

Geltner, D., Miller, N. G., Clayton, J., & Eichholtz, P. (2014). Commercial real estate analysis and investments (3rd ed.). Cengage Learning.

Gilpin, L. H., Bau, D., Yuan, B. Z., Bajwa, A., Specter, M., & Kagal, L. (2018). Explaining explanations: An overview of interpretability of machine learning. 2018 IEEE International Conference on Data Science and Advanced Analytics (DSAA) (pp. 80–89). IEEE.

Glaeser, E. L., Kominers, S. D., Luca, M., & Naik, N. (2018). Big data and big cities: The promises and limitations of improved measures of urban life. Economic Inquiry, 56(1), 114–137.

González, M. C., Hidalgo, C. A., & Barabási, A.-L. (2008). Understanding individual human mobility patterns. Nature, 453(7196), 779–782.

Henderson, J. V., Storeygard, A., & Weil, D. N. (2012). Measuring economic growth from outer space. American Economic Review, 102(2), 994–1028.

Holzinger, A., Biemann, C., Pattichis, C. S., & Kell, D. B. (2019). What do we need to build explainable AI systems for the medical domain? Reviews in the Medical Informatics Literature, 126, 55–62.

International Association of Assessing Officers. (2018). Standard on automated valuation models. IAAO.

Jean, N., Burke, M., Xie, M., Davis, W. M., Lobell, D. B., & Ermon, S. (2016). Combining satellite imagery and machine learning to predict poverty. Science, 353(6301), 790–794.

Kitchin, R. (2014). The data revolution: Big data, open data, data infrastructures and their consequences. Sage.

Kreps, J. (2011). The log: What every software engineer should know about real-time data's unifying abstraction. Engineering Blogs.

Laney, D. (2001). 3D data management: Controlling data volume, velocity, and variety. Meta Group.

Law, S., Paige, B., Russell, C., & Cockshott, P. (2021). A versatile framework for predicting house prices with street-view imagery. Journal of Big Data, 8(1), 1–18.

Lundberg, S. M., & Lee, S.-I. (2017). A unified approach to interpreting model predictions. Advances in Neural Information Processing Systems, 30, 4765–4774.

Malpezzi, S. (2002). Hedonic pricing models: A selective and applied review. In O'Sullivan, T., & Gibb, K. (Eds.), Housing economics and public policy (pp. 67–89). Blackwell.

Manyika, J., Chui, M., Brown, B., Bughin, J., Dobbs, R., Roxburgh, C., & Hung Byers, A. (2011). Big data: The next frontier for innovation, competition, and productivity. McKinsey Global Institute.

Mayer-Schönberger, V., & Cukier, K. (2013). Big data: A revolution that will transform how we live, work, and think. Eamon Dolan/Houghton Mifflin Harcourt.

Naik, N., Philipoom, J., Raskar, R., & Hidalgo, C. (2014). Streetscore: Predicting the perceived safety of one million streetscapes. PNAS, 111(38), 13519–13524.

OECD. (2020). Cities policy responses to COVID-19. OECD Publishing.

Ramani, A., & Bloom, N. (2021). The donut effect of COVID-19 on cities. NBER Working Paper No. 28876.

Ribeiro, M. T., Singh, S., & Guestrin, C. (2016). "Why should I trust you?": Explaining the predictions of any classifier. Proceedings of the 22nd ACM SIGKDD International Conference on Knowledge Discovery and Data Mining (pp. 1135–1144). ACM.

RICS. (2022). Comparable evidence in real estate valuation. RICS.

Rosen, S. (1974). Hedonic prices and implicit markets: Product differentiation in pure competition. Journal of Political Economy, 82(1), 34–55.

Sculley, D., Holt, G., Golovin, D., Davydov, E., Phillips, T., Ebner, D., ... & Dennison, D. (2015). Hidden technical debt in machine learning systems. Advances in Neural Information Processing Systems, 28, 2503–2511.

Shiller, R. J. (2000). Irrational exuberance. Princeton University Press.

Song, C., Qu, Z., Blumm, N., & Barabási, A.-L. (2010). Limits of predictability in human mobility. Science, 327(5968), 1018–1021.

Stonebraker, M., Çetintemel, U., & Zdonik, S. (2005). The 8 requirements of real-time stream processing. ACM SIGMOD Record, 34(4), 42–47.

Townsend, A. M. (2013). Smart cities: Big data, civic hackers, and the quest for a new utopia. W. W. Norton & Company.

Widmer, G., & Kubat, M. (1996). Learning in the presence of concept drift and hidden contexts. Machine Learning, 23(1), 69 – 101.

World Bank. (2021). Data for better lives. World Development Report 2021.

Zaharia, M., Das, T., Li, H., Hunter, T., Shenker, S., & Stoica, I. (2013). Discretized streams: Fault-tolerant streaming computation at scale. Proceedings of the 24th ACM Symposium on Operating Systems Principles (pp. 423 – 438). ACM.

Žliobaitė, I. (2017). Learning under concept drift: An overview. arXiv preprint arXiv:1705.07795.

【저자 약력】

원지영

저자는 서울대 음대 작곡과를 졸업하고 미국 FDU에서 교육학 석사학위를 받았다. 귀국 후 한양대 경영대학에서 예술경영 및 문화예술 마케팅을 연구하여 박사학위를 받았다. 그동안 인하대 경영학과에서 전임강사로 외국인 학생을 상대로 경영과 마케팅분야의 영어강의를 했다. 현재는 아주대 국제대학원과 경영대에서 디지털 마케팅, 콘텐츠마케팅, K-Culture and Arts Management, Music Business, 기업가정신과 경영 등을 강의해오고 있다. 저서로는 '디지털마케팅 들어가 보니'(교보문고), '빅데이터가 이렇게 쓸모 있을 줄이야'(교보문고), '삶 속에 들어온 생성형 AI 음악'(피앤씨미디어)이 있다.

빅데이터와 AI가 그리는 도시부동산의 미래 가치

초판 인쇄 2025년 9월 25일
초판 발행 2025년 9월 30일

지은이 원지영
펴낸이 박노일

총괄기획 최준규
편 집 이상민

펴낸곳 피앤씨미디어
경기도 고양시 일산동구 강송로 153, 310-1501
등록 제396-2012-000203호
전 화 070)7550-3758 팩 스 02)6280-3758
홈페이지 www.pncmedia.co.kr 이메일 pnc@pncmedia.co.kr
ISBN 979-11-7401-026-1 93500

정 가 17,000원